滇版精品出版工程专项资金资助项目

乡村振兴系列丛书

乡村文化振兴释讲

谭　鑫　谭嘉辉　王邻农　著

云南出版集团
云南科技出版社
·昆　明·

图书在版编目（CIP）数据

乡村文化振兴释讲 / 谭鑫，谭嘉辉，王邻农著 .--
昆明：云南科技出版社，2023
（乡村振兴系列丛书）
ISBN 978-7-5587-4853-0

Ⅰ. ①乡… Ⅱ. ①谭… ②谭… ③王… Ⅲ. ①农村文化－文化事业－建设－研究－中国 Ⅳ. ①G127

中国国家版本馆 CIP 数据核字（2023）第 024640 号

乡村文化振兴释讲

XIANGCUN WENHUA ZHENXING SHIJIANG

谭　鑫　谭嘉辉　王邻农　著

出 版 人：温　翔
策　　划：高　亢　李　非　胡凤丽
责任编辑：王建明　赵伟力　洪丽春　曾　芫　张　朝　蒋朋美
助理编辑：龚萌萌
封面设计：昆明墨源图文设计有限公司
责任校对：秦永红
责任印制：蒋丽芬

书　　号：ISBN 978-7-5587-4853-0
印　　刷：云南灵彩印务包装有限公司
开　　本：787mm×1092mm 1/16
印　　张：7
字　　数：180 千字
版　　次：2023 年 6 月第 1 版
印　　次：2023 年 6 月第 1 次印刷
定　　价：58.00 元

出版发行：云南出版集团　云南科技出版社
地　　址：昆明市环城西路 609 号
电　　话：0871-64114090

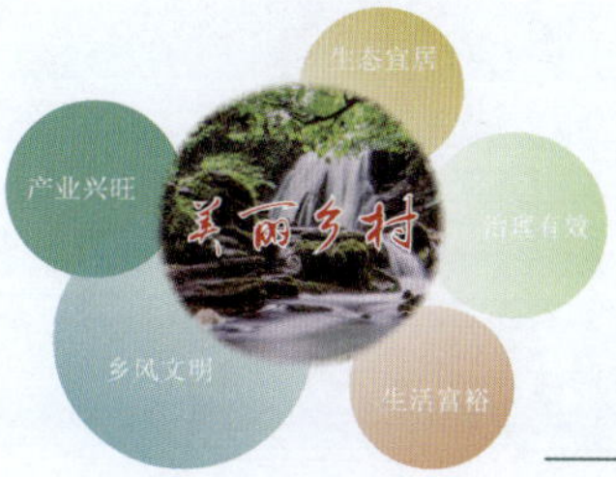

《乡村振兴系列丛书》编委会

本册著者：谭　鑫　谭嘉辉　王邻农

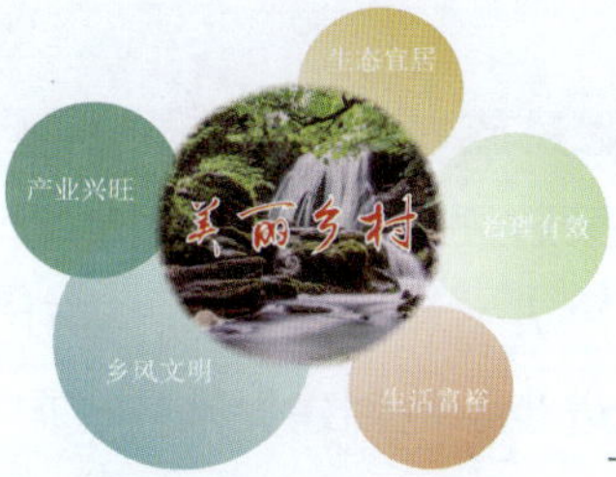

序

民族要复兴，乡村必振兴。

习近平总书记强调，实施乡村振兴战略，是党的十九大作出的重大决策部署，是新时代做好“三农”工作的总抓手。各地区各部门要充分认识实施乡村振兴战略的重大意义，把实施乡村振兴战略摆在优先位置，坚持五级书记抓乡村振兴，让乡村振兴成为全党全社会的共同行动。

云南省委、省政府认真贯彻落实党的十九大精神和十九届历次会议精神，团结带领全省各族群众，积极探索云南的乡村振兴，对全省实施乡村振兴战略进行了规划和部署。印发了《云南省乡村振兴战略规划（2018—2022 年）》。结合《中共云南省委关于制定云南省国民经济和社会发展第十四个五年规划和二〇三五年远景目标的建议》中提出的云南省要全力打造世界一流“三张牌”：“绿色能源牌”“绿色食品牌”“健康生活目的地牌”，大力发展高原特色现代农业，打造粮食、茶叶、花卉、水果、蔬菜、坚果、咖啡、中药材、生猪、肉牛十大高原特色现代农业重点产业。全产业链重塑云南农业，坚持市场导向，选准各地最具优势特色、最有发展潜力的主导产业，找到了云南乡村振兴的实施路径。

云南省的乡村振兴工作在紧锣密鼓地有序推进落实。与此同时，也暴露出一些不足：相关理论政策学习不全面、不彻底、不充分，解读不到位，实施经验不足，案例难寻，缺乏指导性、实操性较强的理论体系支撑。为了巩固拓展脱贫攻坚成果，做好脱贫攻坚与乡村振兴的有效衔接，更好地全面推进云南的乡村振兴战略，特策划出版《乡村振兴系列丛书》。

《乡村振兴系列丛书》立足乡村振兴战略实现农业农村现代化的总目标和坚持农业农村优先发展的总方针，根据产业兴旺、生态宜居、乡风文明、治理有效、生活富裕的总要求，对乡村产业振兴、人才振兴、文化振兴、生态振兴、组织振兴五大目标进行研究和解读，探索乡村振兴的内涵与外延。从农业农村现代化、生态文明建设、兴边富民等方面介绍相关的战略规划与政策体系。并通过乡村振兴基层操作、热词搜索、党建引领、民族团结促进等多渠道探索了乡村振兴的有效实施路径。本丛书系统构建了乡村振兴战略理论研究与实施支撑体系，为乡村振兴战略的推进落实、基层操作提供了丰富的理论研究依据和实施路径指南，具有较强的指导性、操作性。

《乡村振兴系列丛书》具有以下特点：

示范性强：本系列丛书最大的一个亮点，是充分考虑云南边疆民族地区的特点，也侧重于云南脱贫攻坚成果巩固与乡村振兴有效衔接的实际情况，在政策解读、实践操作时，重点考虑了云南作为边疆民族地区的差异、需求，提供切实可行的解决方案和操作要点，如针对边疆民族地区的兴边富民行动介绍；针对民族地区，以民族团结进步示范创建促推乡村振兴……符合实际需求，实操性、示范性较强。

系统性强：本系列丛书层次、版块分明，系统性、完整性较强，选题结构丰富，并兼顾了指导性和可操作性。共分三大层次，第一层次为战略规划、理论政策研究层次；第二层次为产业规划、操作实践层次；第三层次为实用技术类层次，共分产业兴旺、生态宜居、乡风文明、治理有效、生活富裕等版块。第三层次以广大农民为主要读者对象，以农业农村农民为主题，充分考虑农民群众的科技文化需求，力求农民群众读得懂、有实效。

指导性强：从内容来说，本系列丛书系统、全面，既重视理论、政策方面的研究与解读，也重视农村基层的实际需求，探索了操作实践路径，同时收纳了可操作性较强的实用案例，参考性和指导性都十分强。

《乡村振兴系列丛书》旨在新形势下探讨乡村治理体系和治理能力现代化提升，通过有效路径，全面推进云南乡村振兴，为云南省农业发展、生产经营、农业科技提供帮助，为农业产业发展升级和农业产业链构建提供理论支撑，为云南省委、省政府的乡村振兴发展部署提供理论研究、法律支持和信息参考。

希望全省的“三农”专家、学者在省委、省政府的领导下，围绕云南全面推进乡村振兴的重大热点、难点问题，深入推进云南乡村振兴的理论研究、政策解读、路径探索等工作，为省委、省政府的决策提供依据、当好参谋，为云南的乡村全面振兴提供智力支持，为云南的农业、农村、农民现代化作出新的、更大的贡献。

《乡村振兴系列丛书》编委会

前　言

乡村振兴是包括乡村产业振兴、人才振兴、文化振兴、生态振兴、组织振兴的全面振兴，是“五位一体”总体布局、“四个全面”战略布局在“三农”工作中的体现。党的二十大作出全面建设社会主义现代化国家，最艰巨、最繁重的任务仍然在农村的重要研判；提出要全面推进乡村振兴，要坚持农业农村优先发展，坚持城乡融合发展，畅通城乡要素流动；加快建设农业强国，扎实推动乡村产业、人才、文化、生态、组织振兴。其中，文化振兴是乡村振兴的重要支撑。文化兴则乡村兴，文化强则乡村强。推进乡村文化振兴是实施乡村振兴战略中不可缺少的部分，是为实施乡村振兴战略铸魂和注入强大精神动力的迫切需要，是提升农民群众思想文化素养和满足农民群众日益增长的精神文化需求的现实要求。因此，实现乡村全面振兴，务必加快推进乡村文化振兴。

为了让大家对乡村文化振兴有一个全面的了解，本书分为六讲——背景之讲、理论之讲、政策之讲，及其云南乡村文化振兴的现状之讲、路径之讲，最后是案例之讲。

每一讲都试图从乡村文化建设出发，以坚定文化自信、推动社会主义文化繁荣兴盛为要求，延续乡土文明的根脉。要弘扬中华优秀传统文化，树立乡村文明新风，建设美丽文明乡村，助推乡村文化健康发展；依靠乡村文化留住农村的“魂”，依靠乡村文化扎实村民的“根”。

“背景之讲”主要阐释乡村文化的固本浚源；

“理论之讲”主要阐释乡村文化的逻辑起始；

“政策之讲”主要阐释乡村文化的制度保障；

“现状之讲”主要阐释乡村文化的倒悬之急；

“路径之讲”主要阐释乡村文化的枯木逢春；

“案例之讲”主要阐释乡村文化的成例集锦。

以期通过这六讲的学习，领导干部，政策研究者、学习者和相关人员能有所裨益。

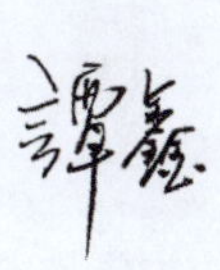

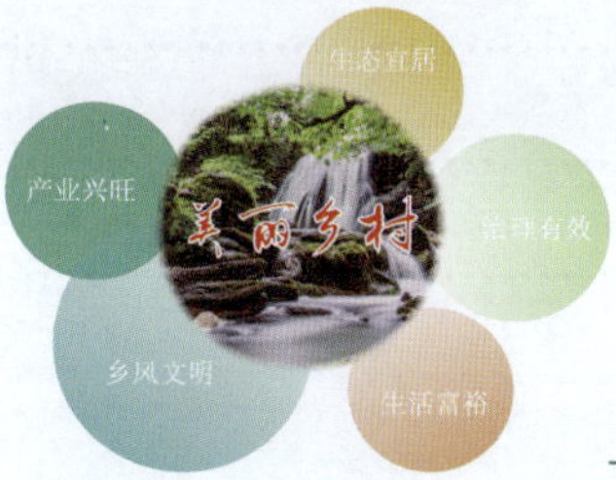

目录

第一讲　背景之讲

第一节　研究背景

党的二十大总结了十年以来中华优秀传统文化得到的创造性转化、创新性发展，文化事业日益繁荣，网络生态持续向好，意识形态领域形势发生全局性、根本性转变。党的二十大提出要推进文化自信自强，铸就社会主义文化新辉煌，需要坚持中国特色社会主义文化发展道路，增强文化自信，围绕举旗帜、聚民心、育新人、兴文化、展形象建设社会主义文化强国；要坚持马克思主义在意识形态领域指导地位的根本制度，坚持为人民服务、为社会主义服务，坚持百花齐放、百家争鸣，坚持创造性转化、创新性发展，以社会主义核心价值观为引领；要加强全媒体传播体系建设，加强家庭家教家风建设。

研究乡村文化振兴，背景有六点，分别为：乡村工作重心的转变；社会主要矛盾的转变；我国正处于开启全面建设社会主义现代化国家新征程的关键时期；推动乡村文化振兴是实现“两个一百年”奋斗目标的必然要求；推动乡村文化振兴是实现中华民族文化自信的必经途径；推动乡村文化振兴是推动家风、民风、乡风建设的需要。

一、乡村工作重心的转变

2021 年 2 月 25 日，习近平总书记在全国脱贫攻坚总结表彰大会上庄严宣告：经过全党全国各族人民共同努力，在迎来中国共产党成立 100 周年的重要时刻，我国脱贫攻坚战取得了全面胜利。现行标准下 9899 万农村贫困人口全部脱贫，832 个贫困县全部摘帽，12.8 万个贫困村全部出列，区域性整体贫困得到解决，完成了消除绝对贫困的艰巨任务。这标志着自 2015 年开始的脱贫攻坚战取得了圆满胜利。

脱贫攻坚取得历史性胜利，绝对贫困完全消除之后，下一步乡村工作的重心自然也就转移到乡村振兴上。2020 年年底召开的中央农村工作会议强调，脱贫攻坚取得胜利后，要全面推进乡村振兴，这是“三农”工作重心的历史性转移。2021 年 3 月 22 日发布的《中共中央国务院关于实现巩固拓展脱贫攻坚成果同乡村振兴有效衔接的意见》中强调，接续推进脱贫攻坚与乡村振兴有效衔接，下一步“三农”工作的核心任务就是要推动减贫战略和工作体系平稳转型，把脱贫人口统筹纳入乡村振兴战略。[①]

同时，在《乡村振兴战略规划（2018—2022年）》明确提出，按照产业兴旺、生态宜居、乡风文明、治理有效、生活富裕的总要求，统筹推进农村经济建设、政治建设、文化建设、社会建设、生态文明建设和党的建设。其中，文化建设在乡村振兴战略中即为乡村文化振兴，而乡风文明则是乡村文化振兴的具体要求。乡村文化振兴作为乡村振兴的重要内容与有机组成部分，为乡村振兴提供了重要的精神支撑。

二、主要矛盾的转变

习近平总书记在党的十九大报告中指出，中国特色社会主义进入新时代，我国社会主要矛盾已经转化为人民日益增长的美好生活需要和不平衡不充分发展之间的矛盾。[②]人民日益增长的美好生活的需要不仅体现在物质生活方面，还体现在文化生活方面。但是，发展的不平衡不充分问题则突出体现在乡村生活中。2018年1月2日发布的《中共中央国务院关于实施乡村振兴战略的意见》中明确指出，当前，我国发展不平衡不充分问题在乡村最为突出。实施乡村振兴战略，是解决人民日益增长的美好生活需要和不平衡不充分发展之间矛盾的必然要求；是实现“两个一百年”奋斗目标的必然要求；是实现全体人民共同富裕的必然要求。[③]

我国乡村发展不平衡不充分的问题自然也表现在乡村文化建设方面。经过改革开放后40多年的飞速发展，农村经济社会发展迅速，农民生产生活方式得到了极大改善，生活水平大幅提升；农村人均可支配收入，从1978年的133.6元迅猛增长到2020年的17131元，物质生活水平得到明显改善。与之形成鲜明对比的是，农村精神文化发展相对滞后，现阶段，在乡村仍然存在广大农民文化水平落后，思想觉悟不高；广大农村地区不良风气较多，文化建设投入少、力度小、成效弱等问题，制约了农村文化的进一步发展。因此，党的十九大明确把乡风文明作为乡村振兴的目标和要求，把加强农村文化建设作为新时代乡村振兴战略的重要部署。

三、我国正处于开启全面建设社会主义现代化国家新征程的关键时期

2021年建党100周年大会上，习近平总书记在讲话中开篇就向世界庄严宣告，经过全党全国各族人民持续奋斗，我们实现了第一个百年奋斗目标，在中华大地上全面建成了小康社

---

① 郑风田：《脱贫攻坚与乡村振兴有效衔接的两个关键》，https://share.gmw.cn/theory/2021-04/19/content_34773837，访问日期：2022年12月30日。

② 刘润忠：《深入领会社会主要矛盾的变化更加自觉坚持以人民为中心的发展思想》，《求知》2018年第6期，8-10页。

③ 王力沛：《新乡贤推动农村精神文明建设研究》，硕士学位论文，河南大学思想政治教育专业，2018。

会，历史性地解决了绝对贫困问题，正在意气风发向着全面建成社会主义现代化强国的第二个百年奋斗目标迈进。

（1）习近平总书记指出，中国要强，农业必须强；中国要美，农村必须美；中国要富，农民必须富。而农村必须美既要求农村实现“春有花、夏有荫、秋有果、冬见青”的自然美，还要求农村实现社会和谐、邻里和睦、家家幸福的文明美。换言之，推动乡村文化振兴是让农村变美、让社会主义现代化高质量发展的题中之义。

（2）根据 2021 年 5 月公布的第七次全国人口普查数据，居住在乡村的人口为 50979 万人，占全国总人口的 36.11%。乡村在中国社会中占有举足轻重的地位，乡村发展的水平和质量很大程度上决定了中国建成社会主义现代化强国的进程。作为乡村振兴的重要组成部分，乡村文化振兴是建成社会主义现代化强国的关键指标之一，也是缓解乡村空心化、提高乡村社会文明程度、增强文化自信和为乡村居民提供高质量精神营养的重要方式。

四、推动乡村文化振兴是实现“两个一百年”奋斗目标的必然要求

实行乡村文化振兴战略，是党中央深刻认识我国基本国情，把握我国基本矛盾作出的伟大战略布局。着眼于“两个一百年”的宏伟目标，着眼于当前乡村文化建设滞后的困境，着眼于我国当前“三农”问题的重要性，推动乡村文化振兴符合现代化强国的进程轨迹，符合精神推动力的原始逻辑，符合我们党的初心和使命。

推动乡村文化振兴是“两个一百年”进程中必走的路程，其最终服务于乡村建设。推动乡村文化振兴是以提高农民积极性与创造性为依托，大力推动乡村建设的步伐，突破了传统城乡二元制的治理格局，符合社会主义共同富裕的目标。

五、推动乡村文化振兴是实现中华民族文化自信的必经途径

习近平总书记提出，文化自信是更基础、更广泛、更深厚的自信，坚定文化自信，是事关国运兴衰、事关文化安全、事关民族精神独立性的大问题。习近平总书记的伟大论断，为我们推动乡村文化振兴提供了根本指南。

进入新时代后，广大农民群众对美好生活的需要层次有了新的提高，为了满足多元化的利益需求，必须提供更加丰富的文化条件予以支持。但当前，我国由于长期以来城乡二元制的差异，造成乡村地区精神“贫困化”。乡村文化来自乡村，来自农民群众对乡村生活自身的认可。但在经济差异的诱导下，大部分农民离开了乡村，一部分农民对原有的生活方式和生活节奏失去了认同感，造成乡村文化主体的缺失。作为中华优秀传统文化的重要组成部分，乡村文化根植于中国几千年农耕文化的沃土之上，成为构建中国文化自信体系的重要基石，也成为提高群众文化自信的丰富资源。现在，我们要实现中华民族的文化自信，就必须走乡村文化振兴之路，从而提高人民群众对乡村文化的归属感和认同感，绽放中国传统文化的卓越魅力。

六、推动乡村文化振兴是推动家风、民风、乡风建设的需要

改革开放之前，我国乡村社会处于相对静止状态，乡村文化也以集体主义文化为主。随着改革开放的深入和现代化进程的加快，乡村的经济建设取得了较大的成就，政治民主化进程在稳步推进，但文化建设却相对滞后，家风、民风和乡风建设等方面也都出现非常突出的问题。随着这些问题的不断出现，越来越引起更多人们对乡村文化建设问题的关注和探讨，家风、民风、乡风建设势在必行。

1. 淳朴家风在慢慢消失

我国传统社会是以家庭为中心的社会，乡村有着良好的家风传统及和睦的家庭关系。但随着现代化进程的加快，外出务工的农民不断增多，传统家庭关系受到了很大冲击，暴露了不少问题。不孝之风有所反弹，长期在外打工者对家中父母不管不问；夫妻关系由于长期分离也变得冷漠，家庭关系雪上加霜；农村“留守儿童”也开始大量出现，他们的生活、教育和发展问题更加突出。①

2. 良好民风在渐渐远去

我国传统的乡村社会民风淳朴，民众思想简单朴素，邻里关系和谐。但随着市场经济的快速发展，村民收入不断增加，各种攀比之风盛行，造成了严重的铺张浪费。赌博活动有增无减，随处可见，尤其在农闲和春节期间更为活跃，有些甚至全家参与其中，赌注也越来越大。风水迷信也屡见不鲜，从开工、升学到红白喜事，都要请“高人”看看、算算，而且越来越讲究，仪式越来越复杂。

3. 文明乡风也不再文明

我国传统的乡村社会乡风文明，社会安定有序，人与自然也能够和谐相处。但随着淳朴家风的慢慢消失和良好民风的渐渐远去，人与人、人与社会及人与自然之间的关系也都发生了改变。“尊老爱幼”观念慢慢淡化，邻里关系不再和谐，陈规陋习不断增多，各种歪风邪气开始盛行，积极向上的精神风貌越来越少。此外，近些年我国的农村政策开始增多，尤其是扶贫支持力度逐渐加大，在一些乡村却开始出现了“坐等要”的现象，甚至出现了争当贫困户的现象。而且随着城市化进程的加快和村民收入的不断提高，村民面临着城市文化和传统文化的冲突碰撞，在思想方面也陷入混乱和矛盾状态。正如孟德拉斯指出，劳动者不再仅仅依赖自己的良心、干劲和劳动观念，父辈的道德观念也不再是评价劳动者的主要依据和人们从事经营管理的标准。人们不再有共同的对荣辱、是非和善恶的判断标准，不再有地方性的伦理共识和道德规范。②

只有加强乡村文化建设，才能构建淳朴家风、良好民风和文明乡风；只有建设好淳朴

① 熊亚：《城镇化进程中农村留守儿童教育问题研究》，硕士学位论文，华中师范大学教育经济与管理专业，2007。

② 蔡陈晨：《发展与反思：乡村振兴视域下的文化建设》，《云南社会主义学院学报》2018 年第 3 期，108-113 页。

家风，才会有良好的民风；只有加强民风建设，才会有积极健康文明的乡风。要改善家庭关系，需要搞好家风建设，传承优秀家风，弘扬传统美德，促进家庭和谐。要恢复良好民风，需要加强民风建设，不断提高民众的思想文化水平，丰富乡村文化活动，逐渐形成积极向上的社会风气。要建设文明乡风，需要迫切加强农民的思想观念、素质修养和道德规范，需要加强破旧立新和移风易俗，树立文明新风，倡导良好乡风民俗，不断打造健康、和谐、文明的精神家园。因此，只有大力加强乡村文化建设，才能建设好家风、民风和乡风，才能建设和谐稳定发展的现代化乡村，也才能建设文明乡村。

综上所述，本书基于前文提到的六个背景，对乡村振兴的重要组成部分——乡村文化振兴进行释讲，目的在于让乡村文化振兴在促进农村产业兴旺、生态宜居、乡风文明、治理有效、生活富裕等方面发挥重要作用，夯实乡村振兴的精神基础。

第二节　研究意义

乡村文化是在乡村地域环境下孕育、发展、演变而来的区域性文化类型，是乡村居民与其环境相互作用的产物。

乡村振兴，文化为魂。乡村文化振兴作为乡村振兴的重要组成部分，其研究意义主要在于两个方面：理论意义和实践意义。

乡村文化振兴的理论意义主要在于保留乡村传统文化中的优秀部分，有助于培育社会主义核心价值观，增强村民文化认同感，重建乡村文化自信。乡村文化振兴的实践意义则在于传承发展乡村文化，有利于促进乡村经济发展、有利于推进乡村治理、有利于提升中华民族文化自信三个方面。

一、理论意义

（一）乡村文化振兴有助于挖掘乡村文化，重建乡村文化自信

乡村文化振兴通过加强农村思想道德建设、弘扬中华优秀传统文化、丰富乡村文化生活等方式展开，有助于挖掘传统乡村文化与时代的结合点，赋予传统乡村文化新内涵。此外，乡村文化振兴还有助于继承和发展富有地方特色的乡村优秀传统文化。乡村文化作为在特定的地理空间范围内产生的一种文化形态，带有突出的地域文化色彩。而中国面积广阔的乡村则让不同地域的乡村文化拥有极其丰富的色彩，具有极强的可识别性，表现在方言、工具器物、

建筑样式、生活习俗、戏曲民谣等方面。通过乡村文化振兴，能提高乡村优秀传统文化的受关注程度，继承和发展富有地方特色的乡村优秀传统文化，强化乡村记忆，延续文化根脉。

在重建乡村文化自信方面，由于城市和乡村的不同步发展导致城乡力量对比失衡，乡村社会边缘化、乡村文化虚化及乡村价值空心化日益严重。乡村在文化方面发展的落后导致农民对乡村文化失去信心，因而不思进取，很难通过发挥主观能动性实现勤劳致富。

针对以上问题，大力推动乡村文化振兴是解决问题的根本途径。通过大力推动乡村文化的发展，缩小乡村文化与城市文化的差距，增强农村文化的吸引力，破除传统乡村文化中的陈规陋习，重建乡村文化自信，让乡村振兴既富了农民的口袋，还充实了农民的脑袋。

（二）乡村文化振兴有利于推进农村精神文明的建设

乡村文化振兴的本质在于通过发展积极健康的乡村文化，最终实现乡风文明的目标。而积极健康的乡村文化在满足农民日益增长的美好生活需要的同时，还能够增强农民对美丽家园的认同感，提升建设乡村的积极性、主动性，使农民更加关心乡村集体事业，愿意为建设美丽乡村贡献自己的力量，从而推动农村精神文明建设迈上新的台阶。[①]

（三）乡村文化振兴有利于进一步认识乡村文化的价值

乡村文化是民族文化的根和脉。作为一个以农耕开国的民族，中国的乡村文化创造并保存了世界上最有价值的农耕技术、农业遗产，还形成了一整套价值、情感、知识和趣味文化系统。除了领先世界的精细化、生态化的农耕方式，以及生产出高品质的食物外，更在从事农业生产的过程中，总结出一套“天人合一”的哲学思想、“道法自然”修身养性的生活方式[②]，以及对生命本体的参悟智慧。也正是由于这种追求和谐稳定、安详从容的农耕文明土壤，才孕育出“天人合一”“民胞物与”“海纳百川”等特质的中国文化。在与天、地、人的交流中，中国先民创造了敬天法祖、崇德向善、仁义忠孝、节俭循环的生活智慧[③]，形成了丰富多彩的生产生活方式，对世界文明进程作出了不可估量的贡献。

特别是进入 21 世纪后，中国已经全面进入世界生产体系，也在全球范围内的文明冲突中逐步走向世界中心舞台。对比世界上发达国家的现代化道路，我们发现了一条共同的规律，就是无论哪一个发达国家，都没有完全消灭传统文化、乡村文化。现代化不是为了消灭乡村，更不是与自然界对立、对抗，而是促进城乡融为一体、人与自然多元共生、全社会共享发展成果。这个思想资源，原本就存在于中国传统文化当中。因此，中国人没有理由不建立中国特色社会主义理论的道路自信、制度自信、理论自信、文化自信。当我们对自己的现代化道路认识达到这个程度以后，文化主流话语就会发生重大的转变：从近代以来要建立一个和西

---

① 方舟：《聚焦农村精神文明建设》，《大连干部学刊》2011 年 27 卷第 2 期，第 1 页。

② 刘忱：《乡村振兴战略与乡村文化复兴》，《中国领导科学》2018 年第 2 期，91-95 页。

③ 韩大强：《乡村振兴战略背景下的信阳乡村文化发展路径选择》，《信阳师范学院学报（哲学社会科学版）》2019 年 39 卷第 3 期，68-76 页。

方一模一样的“现代化”，到如今建立对自身文化敬畏和尊重的“文化自信”，意味着中华民族的民族文化、传统文化价值尤其是乡村文化价值必然回归。[①]

（四）乡村文化振兴有利于加快推进我国社会主义现代化进程，为乡村发展指引方向

（1）乡村文化振兴是实现“两个一百年”奋斗目标的精神导向。[②]“两个一百年”奋斗目标旨在建立现代化的社会主义国家，而乡村就是其重要对象，振兴乡村文化有助于唤醒人们自强不息、艰苦奋斗的精神，发挥乡村文化的精神导向作用，引导乡民共同朝着建设社会主义现代化国家、实现中华民族伟大复兴的目标奋斗。

（2）乡村文化振兴不仅能实现乡村社会系统的协调发展，还能使乡村文化的导向功能得到最大限度地发挥，引领乡村社会繁荣发展。

总的来说，乡村文化振兴的理论意义主要在于保留乡村传统文化中的优秀部分，培育社会主义核心价值观，增强村民文化认同感，重建乡村文化自信，更进一步认识乡村文化的价值并为乡村文化发展指引方向。

二、实践意义

（一）乡村文化振兴有利于促进乡村经济发展

习近平总书记指出，农村精神文明建设很重要，物质变精神、精神变物质是辩证法的观点，实施乡村振兴战略要物质文明和精神文明一起抓，特别要注重提升农民精神风貌。

乡村振兴不但需要物质文明，而且需要精神文明，乡村的发展要经济与文化“两条腿”走路，才能更加全面协调地可持续发展。优秀的乡村文化能够对经济发展起到积极的促进作用，这在国内外许多乡村的发展实践中都得到了有力证明。如福建省寿宁县下党乡、浙江省丽水市平田村、贵州省雷山县千户苗寨等国内的不少乡村，通过发展红色文化依托型、生态文化依托型和民俗文化依托型等乡村文化旅游，改变了以往贫困落后的面貌，乡村面貌焕然一新，村民就业渠道扩宽，经济收入显著提升。

国外乡村，如德国泰乌罗镇以乡村文化和谐发展促进居民生活质量提升；日本乡村通过完善乡村文化机制，激励传统乡村乐舞和曲艺的传承发展，繁荣乡村经济；韩国通过兴办村民会馆和开展农民现代科技教育，传播农业文化，推动乡村农业产业发展。

可见，通过发展乡村文化，整合本土的文化资源，可以为乡村经济可持续发展提供智力支持，将乡村别具特色的宝贵资源转化为乡村经济发展的新动能，有助于乡村经济发展由传统经济发展方式向现代经济发展方式转变，带来更多经济效益，推进乡村振兴战略的整体实施。

---

① 刘忱：《乡村振兴战略与乡村文化复兴》，《中国领导科学》2018 年第 2 期，91-95 页。

② 杨帅、刘淑兰：《乡村文化振兴的时代价值及实现路径》，《西昌学院学报（社会科学版）》2020 年 32 卷第 2 期，67-71 页，127 页。

（二）乡村文化振兴有利于推进乡村治理

优秀乡村文化包含了千百年来中国乡村建设与发展中形成的乡村治理规范、道德品行标准和民风、民俗等人文精华，和千百年来中华民族在潜移默化中形成的价值观念。

习近平总书记指出，优秀乡村文化能够提振农村精气神，增强农民凝聚力，孕育社会好风尚。对于现代乡村而言，乡村文化是最基础、最深层的文化底蕴。传承发展优秀乡村文化，一方面，可以借鉴乡村中优秀传统文化的教育与典范作用，充分发挥文化的“扶志”“治心”“铸魂”等作用，提升乡村居民的思想道德素质和文化素质，摆脱精神贫困、文化落后的局面；另一方面，可以在文化认同的基础上帮助乡村居民摒弃旧习、解放思想，规范完善村规民约，提升乡村治理水平，促进乡村文明建设，为乡村发展营造良好的文化氛围。

（三）乡村文化振兴有利于提升中华民族文化自信

习近平总书记指出，农村是我国传统文明的发源地。中华民族的文化基因在广袤乡村的沃土上得以继承，乡村为文明传承提供了丰富的物质载体。从文化发展来看，从远古的农耕文化，到革命战争年代形成的革命文化，再到中华人民共和国成立以来形成的社会主义先进文化，都离不开乡村这片土地。广大乡村的地理与人文条件差异，产生了具有不同区域特征的乡村文化。形式多元的乡村文化，构成了中华文化的丰富内涵与区域特色。从文化情感来看，乡村寄托了世代乡村居民的“乡愁”，是乡村居民甚至是城市化后的城镇居民内心和情感的归依。对乡村文化自觉热爱，能够更加坚定对中华文明的自信。因而，通过引导人们对乡村文化的重新认识与发掘利用，有助于提升乡村居民对其生活区域所形成的包含物质、精神、制度等方面文化的整体认知，提高其对乡村文化的情感认同与价值认同，从而坚定对中华传统文化的自觉、自信。

（四）乡村文化振兴有利于加强中国特色社会主义文化建设

我国自古以来就是农业国家，农业文明一直占据着重要地位，所以我国文化是以乡村文化为根基的。然而，近代乡村经济的落后使得以传统儒家思想为中心的文化体系逐渐遭到破坏，而现代文化体系却没有建立起来。改革开放之前，集体经济在乡村社会取得主导地位，乡村文化和政治生活紧密联系在一起。改革开放以来，随着现代化进程的不断加快和市场经济的冲击，现代文明传入乡村，乡村社会原有的文化价值体系遭到破坏，而新的价值体系却没有建立起来。

我国社会文化体系的源头在农村，如果乡村文化建设搞不好，会影响整个社会文化价值体系的建立。习近平总书记曾在党的十九大报告中清晰指出，中国特色社会主义文化，源自中华民族五千多年文明历史所孕育的中华优秀传统文化。而且中华传统文化对于中国道路来说，是一座取之不竭的宝藏。农村传统文化则是中华传统文化的源头和根基，只有重视传承农村传统文化，才能留住中国文化的根和魂。因此，加强乡村文化建设对搞好中国特色社会主义文化建设具有重要意义。

（五）乡村文化振兴有利于促进社会主义现代化建设

全面建成小康社会，关键在农村的全面发展，关键在“三农”问题的更好解决。2005年，中国共产党十六届第五次会议指出，建设社会主义新农村是我国现代化进程中的重大历史任务。党的十八大指出，文化实力和竞争力是国家富强和民族振兴的重要标志。党的十九大指出，要贯彻新发展理念，实施乡村振兴战略；农业农村问题是关系国计民生的根本性问题；[①]要按照产业兴旺、生态宜居、乡风文明等要求，加快推进农业农村现代化。习近平总书记曾指出，文化建设是经济发展的“助推器”、政治文明的“导航灯”、社会和谐的“黏合剂”，可见文化建设的力量和作用。推进乡村文化建设，可以提高村民的思想道德素质和科学文化素质，可以满足村民对美好生活的需要，激发村民振兴乡村的积极性和创造性，从而保证乡村现代化建设的可持续发展。推进乡村文化建设，可以促进乡风文明，促进乡村社会稳定有序发展，从而推动乡村的全面健康发展。我国是一个农业大国，农业人口依然占据多数，农村的健康发展不仅关乎着我国全面建成小康社会的大局，也关乎着整个国家的现代化进程和中华民族的伟大复兴。

（执笔人：谭嘉辉　余雨薇　谭鑫）

① 毛一淼：《十六大以来党的农村土地政策研究》，硕士学位论文，长春理工大学马克思主义理论专业，2018。

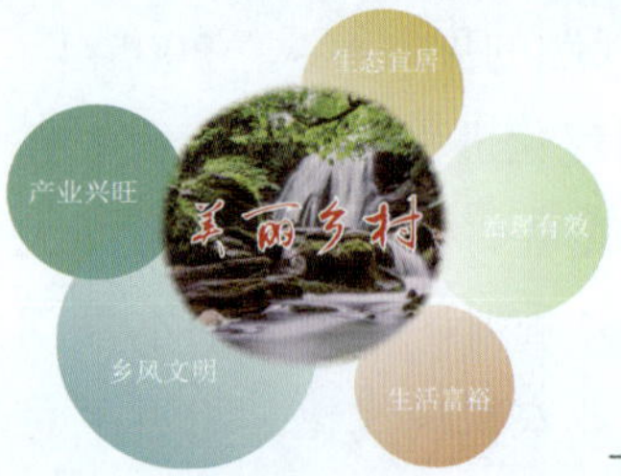

第二讲 理论之讲

第一节 乡村文化振兴之内涵

释讲乡村文化振兴，首先需要对乡村文化振兴的主体，即乡村文化作出明确的解释和讲解。

一、文化

“文化”一词来源于拉丁文，原意为土壤耕作、耕耘。在社会学、民族学等学科中，文化指一切人类共同体为了掌握自然界的力量和资源，为了人的发展、认识自我而进行的有目的的活动。文化是由人类在社会实践中创造的，在人类历史进程中不断丰富发展的，通过多种形式表现出的存在。

我们可以从广义和狭义两个角度理解文化的含义：①从广义上来说，文化即人类在社会历史发展过程中所创造的物质财富和精神财富的总和[①]。②从狭义的角度来说，文化特指精神财富，如文学、艺术、教育、科学等，是人类精神生活的反映，是人类在社会实践中形成的生活观念、价值追求和创造的精神财富的总和。

文化对个人、对社会、对国家而言都有不可或缺的作用。①对个人而言，优秀的文化能丰富人的精神世界，增强人的精神力量，促进人的全面发展。②对社会而言，文化作为一种精神力量，能够在人们认识世界、改造世界的过程中转化为物质力量，对社会发展产生深刻影响。这种影响不仅表现在个人的成长历程中，而且表现在民族和国家的历史中。③对国家而言，当今世界，各国之间综合国力竞争日趋激烈，文化在综合国力竞争中的地位和作用越来越突出，文化的力量深深熔铸在民族的生命力、创造力和凝聚力之中，成为综合国力的重要标志。

① 路红：《城市建设之于城市文化》，《中国房地产》2012 年第 3 期，第 1 页。

正因为文化对个人、社会、国家都有不容忽视的作用，才需要通过大力发展文化产业、重建乡村文化自信、培育文明和谐乡风、丰富农民生活内容等方式来推动乡村文化振兴，为乡村振兴提供精神动力和智力支持。

二、乡村文化

将文化按照地域空间进行分类，可以将其分为城市文化和乡村文化。城市文化又称“都市文化”，是市民在长期的生活过程中共同创造的、具有城市特点的文化模式，是城市生活环境、生活方式和生活习俗的总和。[①]它具有复杂化、多元化的特点。

与城市文化对应的则为乡村文化，乡村文化又称“乡土文化”“农村文化”。从广义角度来看，乡村文化是在长期的生产实践和生活实践及乡村发展过程中，乡村居民所创造形成的物质财富和精神财富的总和，主要包括物质文化、制度文化、思想文化和行为文化等。从狭义角度来看，乡村文化是指在一定的社会经济条件下，在乡村所形成和创造的精神领域财富，主要包括村民在长期农耕实践中所形成的乡村观念文化、乡村社会心理、乡村行为方式、乡村文化产品等，表达的是村民的认知水平和乡村的文明程度。

乡村观念文化体现为乡村居民的价值观念、道德观念、审美观念、宗族观念等；乡村社会心理体现为乡村居民的知识结构、认知方式、思维模式、感情状态、处事态度等；乡村行为方式体现为乡村生活的历史传统、风俗习惯、生活方式等；乡村文化产品体现为乡村社会的道德规范、行为准则、文化制度、村规民约及物质文化遗产、公共文化设施等。

乡村文化因其自身产生的社会环境使之具有乡土性、传统性、自然性、稳定性和地域性等特征。承载乡村文化的载体具有多种形式，包括物质文化遗产、乡村文脉、家风家训与村规民约、非物质文化遗产等。

三、乡村文化振兴

乡村文化振兴即振兴乡村文化。何为振兴？即大力发展，使其兴盛。乡村文化振兴以乡村文化为出发点，以发展、重构乡村文化为落脚点。

具体来说，乡村文化振兴是对传统乡村文化的解构和重组，剔除腐朽落后的文化，保留并传承优秀文化因子。除了去粗取精，乡村文化的重构还要立足时代，在遵循乡村发展规律的基础上引入现代文化要素，将传统文化与现代文化融合再造，打造出既保留传统文化韵味，又富含时代精神的新型乡村文化，实现乡村文化的再生，从而振兴乡村文化。

2017 年 12 月 28 日，习近平总书记在中央农村工作会议上的讲话中指出，乡村振兴就是要形成文明乡风、良好家风、淳朴民风，焕发文明新气象。要深入挖掘、继承、创新优秀传统乡土文化，把保护传承和开发利用有机结合起来，把我国农耕文明优秀遗产和现代文明要素结合起来，赋予新的时代内涵，让我国历史悠久的农耕文明在新时代展现其魅力和风采。

---

① 彭传义：《城市文化与城市建设》，《城市建设理论研究（电子版）》2011 年第 32 期。

乡村文化振兴的演进和发展具有内在的理论逻辑、历史逻辑和实践逻辑。

理论逻辑上，乡村文化振兴是对马克思主义乡村建设思想的继承、发展与创新。历史逻辑上，乡村文化振兴是对中国以往乡村文化建设的检视、反思与改进。

实践逻辑上，乡村文化振兴是对中国特色社会主义乡村文化的建设、推进与提升。

同时乡村文化振兴还具有重要的现实价值意义，对乡村发展和社会主义现代化国家建设都有着重要价值：①能激活乡村文化的生命活力。②推动乡村文化的新陈代谢。③为乡村振兴战略固本铸魂。④满足乡村群众美好生活的需要。⑤为建设社会主义文化强国筑牢根基。新发展阶段推进乡村文化振兴，中国始终坚持党的领导这个政治保障，坚持以人民为中心的价值指向，坚持厚植文明乡风的基础内核，坚持渐续发展的基本态度。

四、乡村文化振兴与乡村振兴的关系

乡村文化振兴与乡村振兴的关系主要表现在两个方面：①乡村文化振兴是乡村振兴战略的目的之一。②文化振兴是实现乡村振兴的重要手段。

（一）文化振兴是乡村振兴战略的目的之一

乡村振兴战略事关我国社会主义强国目标的实现，为农村发展指明了方向。由于乡村文化发展具有经济、社会、政治和生态的多重价值，因此，在顶层设计上，党中央非常重视乡村文化振兴。习近平总书记明确提出，实施乡村振兴战略不能光看农民口袋里票子有多少，更要看农民精神风貌怎么样。我国政府部门出台的战略规划和党的报告中，乡村文化振兴也一直被作为重要的实现目标。比如，2018 年中央一号文件要求，必须坚持物质文明和精神文明一起抓，提升农民精神风貌，培育文明乡风、良好家风、淳朴民风，不断提高乡村社会文明程度。

在实践要求上，明确了乡村文化振兴的具体方式。《乡村振兴战略规划（2018—2022 年）》中提出：“推动城乡公共文化服务体系融合发展，增加优秀乡村文化产品和服务供给，活跃繁荣农村文化市场，为广大农民提供高质量的精神营养。”这表明我国已经充分认识到文化振兴的重大意义，并将乡村文化振兴置于乡村振兴大局的突出位置。

因此，乡村文化的繁荣是实现乡村振兴的必要条件。

（二）文化振兴是实现乡村振兴的重要手段

这体现为乡村振兴战略的总要求与文化振兴之间的内在联系。实施乡村振兴战略的总要求是产业兴旺、生态宜居、乡风文明、治理有效、生活富裕，而其中每一个要求的实现都离不开文化振兴的支持。

对于产业兴旺，文化不仅能产生强大的精神力量，也会产生巨大的经济价值。乡土社会沉淀了丰富的文化资源，如传统美食文化、雕刻文化、戏曲文化、古宅文化等，都可能成为潜在的文化产业，形成新的经济增长点。

对于生态宜居，传统生产方式中拥有丰富的生态理念资源，如“天人合一”“道法自然”

思想认为人是自然之子，人应当顺应天道、尊重自然以求万物和谐，这是构建生态文明的重要文化资源。

对于乡风文明，其实现依赖于人与人之间的相互尊重，而传统伦理文化中的尊重师长、孝敬父母、友爱乡邻等品质是构建互助互爱、文明和谐风气的宝贵文化基础。

对于治理有效，传统文化具有教化培育功能，可以为个体建立规范性的行为准则，形成自我反省与自我规制，这是乡土社会中“自治”与“德治”的有力支撑。

对于生活富裕，乡土文化中有开拓进取、自强不息、勤劳致富的文化理念，鼓励通过奋斗创造美好的生活。

总之，乡村文化的振兴可以更好地促进乡村各项事业的进步，并推进乡村振兴总目标的实现。

第二节　乡村文化振兴之相关理论

一、马克思主义文化观

马克思主义文化观是指马克思主义对文化的总的看法和根本观点。它是马克思主义对文化的本质、文化的社会功能和地位、文化发展的规律及文化具体内容的认识和文化建设思想的总和，是指导我们建设中国特色社会主义文化的科学理论。马克思认为：“物质生活的生产方式制约着整个社会生活、政治生活和精神生活的过程。不是人们的意识决定人们的存在，相反，是人们的社会存在决定人们的意识[①]。”

1. 劳动人民的生产实践是文化产生的源泉和基础

揭示了精神文化成果是各民族所创造的，是世界性的文学，为不同民族之间的文化交流创造了基础。实践是马克思主义文化观的主线，是人类一切活动的起点。在实践基础上，物质生产、分工、意识等相互作用，共同成长。文化的发展轨迹必须从人类实践活动中去寻找。

2. 文化的民族性是民族存在的重要形式

马克思认为“世界的文化是由多种民族的和地方的文学（文化）而形成的”，民族是社会生活的重要联系纽带，是社会群体生存的基本方式。不同的民族按照不同的经济方式，在长期的社会生活中形成不同的心理素质和文化特点，发展出不同的政治制度和政治形态，从而形成不同的民族性。

① 马克思、恩格斯：《马克思恩格斯选集（第二卷）》，人民出版社，1995。

3. 在阶级社会，文化具有阶级性

（1）包括文化在内的各种社会意识形态都不过是社会阶级关系、阶级矛盾与斗争的反映和表现。

（2）在阶级社会中，主导社会的文化通常是在经济上占统治地位的阶级政治文化。

（3）新旧社会形态的更替，新的阶级统治替代旧的阶级统治总是先要进行政治思想与舆论的准备。文化发展的历史就是先进生产力与生产关系的文化代替旧文化的过程。

4. 文化是经济、政治的反映，为一定阶级的经济和政治服务，又对经济、政治起反作用

马克思、恩格斯不仅看到“经济状况是基础”，而且从社会整体出发，考虑到“上层建筑的各种因素”，强调经济、政治、文化等因素及其相互作用对乡村社会的推动作用。

5. 文化还具有开放和交流交融、继承性和创新性等特征

二、文化维度理论

霍夫斯泰德文化维度理论（Hofstede's Cultural Dimensions Theory）是荷兰心理学家吉尔特·霍夫斯泰德提出的用来衡量不同国家文化差异的框架理论。他认为文化是在一个环境下人们共同拥有的心理程序，能将一群人与其他人区分开来。通过研究，他将不同文化间的差异归纳为六个基本的文化价值观维度。

（1）权力距离维度，指某一社会中地位低的人对于权力在社会或组织中不平等分配的接受程度。

（2）一个社会受到不确定的事件和非常规的环境威胁时，是否通过正式的渠道来避免和控制不确定性。

（3）不确定性的规避，指个人主义、集体主义维度是衡量某一社会总体是关注个人的利益还是关注集体的利益。

（4）男性化与女性化维度主要看某一社会代表男性的品质如竞争性、独断性更多，还是代表女性的品质如谦虚、关爱他人更多，以及对男性和女性职能的界定。

（5）长期取向与短期取向维度指的是某一文化中的成员对延迟其物质、情感、社会需求的满足所能接受的程度。

（6）自身放纵与约束维度指的是某一社会对人基本需求与享受生活享乐欲望的允许程度。

三、场域理论

场域理论，是皮埃尔·布迪厄、库尔特·考夫卡等心理学家提出的，是社会学的主要理论之一，是关于人类行为的一种概念模式。该理论起源于 19 世纪中叶的物理学概念，认为人的每一个行为均被行为所发生的场域所影响，而场域并非单指物理环境而言，也包括他人的行为，以及与此相连的许多因素。在布迪厄的论述中，社会作为一个大场域，由包括文化场域、政治场域、经济场域等相互独立与联系的子场域组成。

布迪厄将文化生产场域分成两个大类：①有限生产场域。②大规模生产场域。其区分的标准是场域的自主程度。

四、中共领导人关于乡村文化建设的思想

（一）毛泽东的乡村文化建设思想

毛泽东一直注重对农民的思想教育。在革命战争时期，毛泽东就意识到农民革命的重要性，重点是唤起农民的革命意识。由于我国长期受到封建官僚主义的压迫，加上小农经济的封闭性，造成广大农民处于文盲的状态。在一个文盲充斥的国家内，是建成不了共产主义社会的[①]。毛泽东提出要发展人民大众的文化："农民不但是好的散文家，而且常是诗人。民歌中便有许多好诗。"毛泽东强调，要从人民群众中收集一些喜闻乐见的民歌、民间故事，创新性地改造以往的艺术形式，进而满足广大农民的精神需求，从而更好地服务于革命进程。中华人民共和国成立后，毛泽东大力推行农村文化建设，提出"双百"方针，大力发展民族的、科学的、大众的文化，为社会主义建设提供了精神动力。

（二）邓小平、江泽民、胡锦涛的乡村文化建设思想

邓小平提出："我国百分之八十的人口是农民。农民没有积极性，国家就发展不起来。"[②]如何提高农民的积极性则成为党和国家高度关注的重点话题之一。邓小平提出要改革开放，创新思想，走出具有中国特色的农村振兴之路。邓小平强调，六年来，中国农村就是根据这样的原则，走自己的路，取得成功的[③]。在学习西方乡村建设经验时，邓小平提出，闭关自守、故步自封是愚蠢的。在农村建设过程中，要对西方的建设经验进行区分、辨别，要勇于解放思想，要用马克思主义唯物辩证法对其进行分析、鉴别和批判。

随着经济全球化的发展，文化也日益呈现出多样化的特点。面对复杂的国际环境，为了应对西方资本主义文化的入侵，江泽民提出，要对中国传统文化进行创新，要对民族文化去其糟粕，取其精华。在中国共产党成立80周年的大会上，江泽民提出："必须继承和发扬一切优秀的文化，必须充分体现时代精神和创造精神。"同时，在乡村文化建设上，江泽民提出，要用优秀的传统文化去占领，要大力发扬优秀传统乡村文化。

对于新农村的文化建设，胡锦涛提出，加强对各民族文化的挖掘和保护，重视文物和非物质文化遗产保护。在新农村文化建设上，要弘扬以爱国主义为核心的民族精神和以改革创新为核心的时代精神。在建设新农村的道路上，胡锦涛提出，要牢固树立科学发展观，推进新农村经济建设与文化建设协调发展，加快农村文化事业建设，培育一批新型农民，以适应新农村发展的需要。

---

① 孔晋良：《论毛泽东农民观及现实启示》，硕士学位论文，兰州大学马克思主义理论专业，2010。

② 盛成喜、盛清茂：《邓小平关于加快农业发展的重要思想》，《山西农业大学学报（社会科学版）》2002年第3期，197-200页。

③ 李伟：《马克思主义中国化视域中的农民问题研究》，硕士学位论文，安徽大学马克思主义发展史专业，2013。

（三）新时代习近平乡村文化建设思想

党的十八大以来，中国特色社会主义进入了新时代，以习近平总书记为核心的领导集体继续高度关注农业、农村和农民问题。习近平总书记坚持和发展了马克思主义及毛泽东、邓小平、江泽民、胡锦涛的文化观和乡村文化建设思想，面对新情况和新问题，提出了很多乡村文化建设的新理念和新论断。

2004年4月，习近平总书记就曾指出，“三农”问题不仅事关农民利益，而且事关全局发展，是全党工作的重中之重。在《实施乡村振兴战略意见》中也指出，党要提高对乡村振兴发展的认识，要把乡村发展放在优先位置，要把党管农村的具体工作落到实处。加强乡村精神文明建设需要巩固乡村的物质基础。

习近平总书记还曾指出，切实加强农村精神文明建设，深入开展群众性精神文明创建活动，全面提高农民思想道德素质和科学文化素质。

2015年4月，习近平总书记在《加快推进生态文明建设的意见》中指出，加强农村精神文明建设，以环境整治和民风建设为重点。乡村精神文明建设不仅可以提高村民的文明素质，推进文明村镇的建设，还可以促进美丽乡村建设的顺利推进。乡村精神文明建设也是乡村振兴的重要内容，只有不断推动乡村精神文明建设，才能促进村民整体素质的提高，才能更好推动家风和民风建设，也才能更好实现乡村文化振兴和乡村全面振兴。

2017年10月，习近平总书记在党的十九大报告中首次提出，乡风文明和治理有效等五个方面乡村振兴战略的总要求。

2017年12月，习近平总书记在中央农村工作会议中明确提出，走中国特色社会主义乡村振兴道路，而且必须要走乡村文化兴盛之路。

2018年1月，中央一号文件公布，开始正式实施乡村振兴战略。

2018年3月，习近平总书记在参加第十三届全国人大山东代表团审议时，提出了“五个振兴”的思想。

2018年9月，《乡村振兴战略规划（2018—2022年）》正式颁布，文化振兴作为其中的一个关键部分被提出。

可以看出，党的十八大以来，党中央高度重视乡村文化建设和乡村文化振兴，将文化建设作为乡村振兴的重中之重。

在建设乡村文化振兴的过程中，以习近平同志为核心的党中央始终坚持中国特色社会主义文化，注重从中华民族五千多年文明历史中发掘中华优秀传统文化，并将其熔铸于社会主义革命、建设、改革中，并从中创造了革命文化和社会主义先进文化；坚持传承乡村优秀传统文化，继承和发扬中国特色革命文化，坚持发展社会主义先进文化；深入挖掘乡村文化蕴含的优秀思想观念、人文精神、道德规范，充分发挥其在凝聚人心、教化群众、淳化民风中的重要作用，做好乡村文化振兴工作，促进乡村全面振兴。

（执笔人：谭嘉辉　余雨薇　谭鑫）

第三讲 政策之讲

第一节 乡村文化振兴之国家政策

一、《国家乡村振兴战略规划（2018—2022 年）》（以下简称《规划》）文化振兴解读

（一）《规划》中文化振兴出台的背景和意义

1. 背景

乡村振兴战略是以习近平同志为核心的党中央着眼于党和国家事业全局，深刻把握现代化建设规律和城乡关系变化特征，顺应亿万农民对美好生活的向往，对“三农”工作作出的重大决策部署，是决胜全面建成小康社会、全面建设社会主义现代化国家的重大历史任务，是新时代做好“三农”工作的总抓手。而文化振兴是乡村振兴的灵魂所在，是乡村社会稳定的基石。

党的十九大作出中国特色社会主义进入新时代的科学论断，提出实施乡村振兴战略的重大历史任务，其中乡村文化振兴成为乡村振兴的关键。随着我国社会主要矛盾发生历史性转变，广大农民对文化的需求也有了更高的要求。人们不再满足于形式简单、内容单调的文化生活，而是开始追求更丰富、更高层次、更加多样化的文化生活。改变乡村文化的落后面貌，大力推进乡村文化振兴，才能更好地满足农民对精神文化的渴求、对美好生活的向往；同时，加快乡村文化建设是全面落实乡村振兴战略的现实需要。

2. 意义

实施乡村振兴战略，是解决新时代我国社会主要矛盾、实现“两个一百年”奋斗目标和中华民族伟大复兴中国梦的必然要求；具有重大现实意义和深远历史意义。其中乡村文化振兴的实施为农村基层民主建设奠定了基础，满足了人民对于美好生活向往的需求，更是成为乡村社会的稳定器；是村民提升自我素养、提高获得感、幸福感的需要，更是成为推动乡村振兴的内在动力。

（二）《规划》中文化振兴的发展目标

2018—2022 年是实施乡村振兴战略的第一个五年，这五年里，既要实现全面小康，又要为实现农业农村现代化打好基础。《规划》将这五年划分为两个阶段。

1. 到 2020 年，全面建成小康社会的目标如期实现

乡村振兴的制度框架和政策体系基本形成，各地区、各部门乡村振兴的思路举措得以确立。

2. 到 2022 年，乡村振兴的制度框架和政策体系初步健全

到 2022 年，实现国家粮食安全保障水平进一步提高、现代农业体系初步构建、农业绿色发展全面推进等。其中，在文化方面指出，乡村优秀传统文化得以传承和发展，农民精神文化生活需求基本得到满足。

3. 到 2035 年，乡村振兴取得决定性进展，农业农村现代化基本实现

其中，强调乡风文明达到新高度、乡村治理体系更加完善等远景目标。最后指出到 2050 年，乡村全面振兴，农业强、农村美、农民富全面实现。

总体来看，文化振兴的发展目标贯穿于上述两个阶段，这里既有宏观整体目标，也有细化到具体的目标。后者涉及的有：到 2022 年乡村优秀传统文化与农民精神文化生活的要求，以及未来展望部分提及到 2035 年乡风文明和乡村治理体系的部署。

（三）文化振兴的重点任务

《规划》按照产业兴旺、生态宜居、乡风文明、治理有效、生活富裕的总要求，明确了阶段性重点任务。

（1）以农业供给侧结构性改革为主线，促进乡村产业兴旺。坚持质量兴农、品牌强农，构建现代农业产业体系、生产体系、经营体系，推动乡村产业振兴。

（2）以践行“绿水青山就是金山银山”的理念为遵循，促进乡村生态宜居。统筹山水林田湖草系统治理，加快转变生产生活方式，推动乡村生态振兴。

（3）以社会主义核心价值观为引领，促进乡村乡风文明。传承发展乡村优秀传统文化，培育文明乡风、良好家风、淳朴民风，建设邻里守望、诚信重礼、勤俭节约的文明乡村，推动乡村文化振兴。

具体表现：①我国新时代的乡风文明建设要求坚持以社会主义核心价值观为引领，为乡村文化赋予新的历史价值和时代内涵，使乡村文化与当代社会主义核心价值观相适应、与现代社会发展相协调，为建设社会主义现代化强国提供精神滋养和智力支撑。②以传承、发展中华优秀传统文化为主线。③以乡村公共文化服务体系建设为载体，培育文明乡风、良好家风、淳朴民风，提升农民群众思想觉悟、道德水准、文明素养和全社会文明程度，展现文明新气象。建设邻里守望、诚信重礼、勤俭节约的文明乡村，提升村民的幸福感和获得感，以此推动乡村文化振兴。

（4）以构建农村基层党组织为核心，以自治、法治、德治“三治结合”的现代乡村社会治理体系为重点，促进乡村治理有效。把夯实基层基础作为固本之策，建立健全党委领导、政府负责、社会协同、公众参与、法治保障的现代乡村社会治理体制，推动乡村组织振兴，打造充满活力、和谐有序的善治乡村。

（5）以确保实现全面小康为目标，促进乡村生活富裕。加快补齐农村民生短板，让农民群众有更多实实在在的获得感、幸福感、安全感。

（四）《规划》中文化振兴的主要内容

《规划》强调实施乡村振兴战略是传承中华优秀传统文化的有效途径。中华文明根植于农耕文化。乡村振兴，乡风文明是保障。实施乡村振兴战略，深入挖掘农耕文化蕴含的优秀思想观念、人文精神、道德规范，结合时代要求，在保护传承的基础上创造性转化、创新性发展，有利于在新时代焕发出乡风文明的新气象，进一步丰富和传承中华优秀传统文化。

同时，《规划》进一步强调统筹推进农村经济建设、政治建设、文化建设、社会建设、生态文明建设和党的建设，是促进农业农村高质量发展的重要路径。《规划》第七篇明确提出要繁荣发展乡村文化，并分了三个篇章（即加强农村思想道德建设、弘扬中华优秀传统文化及丰富乡村文化生活）对繁荣发展乡村文化作了详细的安排部署。三个篇章又细分了九个小节，其中加强农村思想道德建设分了三个模块阐述，分别是践行社会主义核心价值观、巩固农村思想文化阵地、倡导诚信道德规范；弘扬中华优秀传统文化分了三个模块阐述，分别是保护利用乡村传统文化、重塑乡村文化生态、发展乡村特色文化产业；丰富乡村文化生活分为三个部分，分别是健全公共文化服务体系、增加公共文化产品和服务供给、广泛开展群众文化活动。

（五）加强农村思想道德建设的措施

《规划》从三方面就如何加强农村思想道德建设提出具体措施，分别是践行社会主义核心价值观、巩固农村思想文化阵地、倡导诚信道德规范。具体如何做，下面对这三个方面进行阐述。

1. 在践行社会主义核心价值观方面

（1）制定针对性的政策措施，采用正确的方式引导、教育农民，创新道德实践方式，坚持教育引导、实践养成、制度保障三管齐下，探索新时代符合农村道德建设的方式方法和载体；同时还要求深化中国特色社会主义和中国梦宣传教育，注重深化农民教育，大力弘扬民族精神和时代精神。其中，中国特色社会主义是以中国共产党领导作为最本质特征，把科学社会主义的基本原则与中国实际相结合的具有中国特色的社会主义。

中国梦是华夏儿女的共同愿景，简单来说就是凝聚在中国人心中共同的梦想，即实现中华民族伟大复兴[①]。习近平总书记指出，中国人民在长期奋斗中培育、继承、发展起来的伟大民族精神，为中国发展和人类文明进步提供了强大精神动力。当前一段时期，我们拥有重要发展战略机遇的同时，更要弘扬伟大民族精神。

（2）加强爱国主义、集体主义、社会主义教育，深化民族团结进步教育。

具体而言，可以结合乡村实际情况，科学设计“接地气”的教育载体，运用多种媒体、不同类型的文艺作品及各种各样的文化活动，优化培育途径，弘扬社会主义核心价值观。

（3）深化新型职业农民培育工程，发挥职业农民乡村振兴主力军作用。

建立农民转型升级通道，支持职业农民向专业大户、家庭农场转变，支持学子、退伍军人、农民务工人员返乡创业、创办合作社、家庭农场，成为新型职业农民的主力军，为新型职业农民与农业企业的生产协作和利益联结、新型职业农民创新社会化服务、有实力的行业协会或企业设立新型职业农民创新创业孵化器（基地）提供政策保障，建立新型职业农民人才聚集地，着力打造新型职业农民储备基地和创新创业集聚中心。

（4）把社会主义核心价值观融入法治建设，推动公正文明执法，彰显社会主流价值。

从乡村层面来说，就是把社会主义核心价值观融入法治政府、法治社会建设全过程，融入严格执法、公正司法、全民守法各环节。运用法治手段解决道德领域突出问题，弘扬真善美、打击假恶丑。

把社会主义核心价值观融入法治建设，有利于巩固全体人民团结奋斗的共同思想道德基础，充分认识社会主义核心价值观融入法治建设的重要性、紧迫性，切实发挥法治的规范和保障作用，推动社会主义核心价值观内化于心、外化于行。

（5）强化公共政策价值导向，探索建立重大公共政策道德风险评估和纠偏机制，健全对重大公共政策进行道德风险评估和纠偏的组织机制，各级公共权力机构和监督机构设立相应的道德委员会，发挥各自的道德风险评估职能和纠偏职能，同时加大宣传教育力度，提高公民个人、非政府组织、大众传媒的道德评价民主参与作用。

2. 在巩固农村思想文化阵地方面

（1）推动基层党组织、基层单位、农村社区有针对性地加强农村群众性思想政治工作。

农村群众性思想政治工作，即在农村通过各种宣传途径教育群众，尊重依靠群众，组织引导群众，提高群众的思想政治觉悟，调动群众的积极性、创造性，动员群众参加党所领导的各项工作[②]。

（2）加强对农村社会热点难点问题的应对解读，合理引导社会预期。

当前时期，农村经济社会发展出现一些阶段性特征，经济快速发展的同时，各种矛盾开始显现。在农村转型的关键时期，要运用科学合理的方法引导农民群众用正确的办法解决问题，要针对当前农村社会发展过程中的热点难点问题，制订相应的疏导措施，减少农民群众

① 朱红晖：《中国梦实现的哲学分析》，《学理论》2013 年第 22 期，65-67 页。

② 马志宝：《以群众工作为基础做好党支部思想政治工作》，《活力》2009 年第 6 期，第 250 页、252 页。

的不安全感。

在具体调研过程中，农村的热点问题主要集中在土地、农村基础设施、农业生产、农村医疗及农村增收等问题上。针对这些热点问题，要找准关键，积极疏通农民群众内心的“堵点”“痛点”，多为群众办舒心、暖心之事；同时要改革创新工作方式，规避说教、“上政治课”“讲大道理”，多以群众身边的典型人物、事例实现群众自我省思，引领群众自我教育。

（3）健全人文关怀和心理疏导机制，培育自尊自信、理性平和、积极向上的农村社会心态。

需要以提升农民素质为目标，确定人文关怀和心理疏导的目标和方向。对农民群体进行心理疏导，引导广大农民认清形势、坚定信心，努力实现农村持续稳定、又快又好发展。

①要尊重农民，把农民的利益放在心上。要在日常的基层工作中，把农民的需求放在第一位。

②要建立健全村委干部与农民的沟通机制，畅通沟通“渠道”。在日常工作中，讲求艺术性，突出参与互动，努力调动农民参与乡村振兴工作的积极性，让广大农民群众从乡村振兴工作的旁观者、接收者转变为参与者、践行者。

（4）深化文明村镇创建活动，进一步提高县级及以上文明村和文明乡（镇）的占比。具体而言，就是深化文明村镇创建活动。

①推进农村人口集聚。以优化村庄和农村人口布局为导向，通过村庄整理、异地搬迁等途径，推动自然村落整合，引导农村人口集中居住；从而开展农村土地综合整治，全面整治农村闲置土地、闲置住宅，美化村容村貌。

②开展宣传教育。把提高农民群众文化素养作为重要工作内容，运用村级文化教育场所，开展形式多样的文化知识宣传、培训活动，形成农村文明新风尚[①]。

③加大乡村公共基础设施和公共文化设施的投入，改善人居环境。

（5）广泛开展星级文明户、文明家庭等群众性精神文明创建活动。

群众性精神文明活动是广大人民群众改造社会环境、转变社会风气、建设文明生活的重要实践，是整个社会主义精神文明建设中不可替代的重要组成部分[②]。

在开展创建活动的过程中，按照“村级评选—镇级审核—县级评议审定”流程，将建议名单在县属主要网站上进行公示，广泛听取群众意见；同时号召全镇广大农村家庭要以受表彰户为榜样，大力弘扬家庭美德，推动乡风文明和美丽乡村生态文明建设。

（6）深入开展“扫黄打非”进基层。

“扫黄”指清理网络色情、黄色书刊、黄色音像制品及歌舞娱乐场所、服务行业的色情服务，就是扫除淫秽色情、封建迷信等危害人们身心健康、污染社会文化环境的文化垃圾。

① 刘景环、李想：《重庆市涪陵区南沱镇乡村旅游发展对策探析》，《南方农业》2019 年 13 卷第 22 期，51-53 页。

② 董承耕：《社会主义市场经济初始阶段的精神文明建设》，厦门大学出版社，1999。

“打非”指打击非法出版物，即打击违反《中华人民共和国宪法》规定的破坏社会安定、危害国家安全、煽动民族分裂的出版物，侵权盗版出版物及其他非法出版物，就是扫除黄色出版物、打击非法出版活动。

深入开展“扫黄打非”进基层活动的意义在于该项“扫黄打非”工作关系到国家意识形态安全、文化市场环境及社会主义精神文明建设，与社会和谐稳定、文化发展繁荣密不可分。它不仅是建设和完善社会主义市场经济的必然要求，还事关青少年的健康成长与农村的社会风气。

深入开展“扫黄打非”进基层的实现路径：

①进一步加强基层“扫黄打非”机构建设。乡镇、村都应根据工作实际，建立健全相关组织机构，明确责任人员和工作职责。

②进一步拓展“扫黄打非”进基层领域。尤其是推动“扫黄打非”工作进校园，将“扫黄打非”宣传教育与校园周边整治结合，向学生普及“扫黄打非”基本知识，增强防范意识和辨别能力。

③进一步整合基层“扫黄打非”资源。积极推动“扫黄打非”工作纳入社会治安综合治理平台和网格管理，实现重点工作联动、突出问题联治、平安基层联创。

④进一步健全基层“扫黄打非”工作机制。着重建立健全基层“扫黄打非”宣传教育、日常巡查、联动查处、信息报送、工作考评等五大工作机制，推动基层“扫黄打非”工作常态化落实。

（7）重视发挥社区教育作用，做好家庭教育，传承良好家风家训。

家风又称“民风”，即一个家庭当中的风气，指的是家庭或家族世代相传的风尚、生活作风。家训是儒家文化的重要组成部分，指家庭对子孙立身处世、持家治业的教诲。家训是家庭的重要组成部分，对提升个人的文化素养、道德修养及人格品德都有着重要的约束作用①。

习近平总书记在会见第一届全国文明家庭代表时强调，家风是社会风气的重要组成部分。家风好，就能家道兴盛、和顺美满；家风差，难免殃及子孙、贻害社会。在同全国妇联新一届领导班子集体谈话时强调，千千万万个家庭的家风好，子女教育得好，社会风气好才有基础。

因此，传承良好家风家训的意义在于家风是一个家庭的精神内核，也是一个社会的价值缩影，良好家风和家庭美德正是社会主义核心价值观在现实生活中的直观体现。

家风家训文化强调自强、公忠、廉洁、修身、崇德、好学、勤俭、孝慈、敬业、乐群、尊礼、重义、诚信等理念，具有鲜明的民族特色和时代价值，是中华文明传承至今没有中断的根基，是我们坚持文化自觉的底气、坚定文化自信的底色②。

①要抓好家风家训传承。家风家训是家庭的精神和灵魂。传承好家风，要在落细、落小、

---

① 崔海霞：《中国传统家训文化对党员干部家风建设的价值参考》，《法制博览》2020 年第 22 期，249-250 页。

② 王向军：《中华文化是推进中华民族历史性飞跃的重要动力》，《人民论坛》2020 年第 21 期，164-165 页。

落实上下功夫。可开展经典家训入户活动，从优秀家训资源，如革命家训和传统家训家规、治家格言、成语典故、楹联、俗话词语中选编成文，通过媒体、网站、微信、微博等进行广泛传播，以教育家人、影响世人。

②要抓好家风家训培育。家风家训，必须与时俱进。不同的时代，家风有不同的内涵。新时代，以爱国、崇德、创新为重，应当充分发挥家风阐释教化社会主流价值观的桥梁和纽带作用，让家风成为培育和践行社会主义核心价值观的有效载体①。要围绕家风教化、家风约束、家风导向、家风传承、家风培育等，组织开展系列活动，抓好典范家庭的宣传，树立标杆，精心培育优秀家风。

③要抓好家风家训的共性与特性。家风家训有共性，但因家族、家庭千差万别，家风家训也会各有特色，存在差异性。有特色，才有生命力、影响力、辐射力。爱国、敬业、孝顺、友善、正直、善良、勤俭等理念是每个家庭家风中都应具备的基本价值取向，在此基础上，提倡家风建设的多样化，根据家庭传统、家庭成员职业、持家理念的不同等，形成每个家庭的家风特色。

④用好乡贤力量，弘扬乡贤文化。多方选乡贤，通过树立乡贤，发挥乡贤在乡村文化振兴中的带动作用，形成“带着村民干，做给村民看，还给村民做示范”的良好局面，在村民教育中发挥积极作用。

（8）完善科技卫生“三下乡”长效机制。文化科技卫生“三下乡”活动，一直都是深化农村道德建设和精神文明建设的响亮品牌，要从农村实际出发，引导动员社会力量广泛参与其中。“三下乡”活动是社会主义新型城乡关系的生动体现，必须建立长效机制，认真推行。

3. 在倡导诚信道德规范方面

（1）深入实施公民道德建设工程，推进社会公德、职业道德、家庭美德、个人品德建设。

①坚持教育引导。

加强乡村公民道德建设，吸取城市文明道德建设的优秀经验和做法及外来文化优秀成果。加强乡村公民道德建设，采取符合乡村特点的宣传办法，用广播、标语、绘画、板报、戏曲、庙会等群众喜闻乐见的民间文艺方式广泛宣传，引起大家的关注。

同时利用新媒体网络手段，建立乡学平台，开展乡学教育。宣传乡村公民道德建设路线、方针、政策，讲清乡村公民道德建设的必要性，弘扬社会主义核心价值观，传承中华优秀传统文化，进而改变乡村公民的思想观念，将正确伦理道德理念根植于人心，使人们意识到乡村公民道德建设与人人相关、对人人有利。

②坚持制度保障。

一方面，健全和完善乡村公民道德建设体系，加强农村基层党组织公民道德建设，把推进乡村公民道德落到实处。聚人心、聚智慧、聚能量，将基层、社会、学校、家庭的力量集

① 钊守荣：《浅论良好家风家教培育与社会主义核心价值观》，《青年时代》2017 年第 10 期，第 110 页。

中在一起，形成一个相互协作、相互促进的管理机制。乡村要积极抓住机遇，随着公共资源向乡村的倾斜，提高乡村文明建设的速度，迅速构建乡村公民道德教育网络，积极促进乡村家风建设，发挥学校教育作用，创建乡村“文明村镇”“文明家庭”“文明个人”等主题活动。

另一方面，利用幼儿园、小学、乡村老年服务中心的公共教育和服务场所，搭起传播正能量平台，开展多种切合实际的服务，在此过程中将社会主义核心价值观根植于人心。最后，积极采取措施提高当地乡村公民的知识水平、能力技能、职业道德，为新农村文化建设培养大量人才。

（2）推进诚信建设，强化农民的社会责任意识、规则意识、集体意识和主人翁意识。

弘扬诚信文化，开展诚信价值教育。要充分发挥电视、网络、报纸、杂志等大众传媒的宣传作用，大力宣传讲求诚信品德的先进事迹，评选讲求诚信的先进人物，诸如“诚信之星”等，从而营造诚实守信的良好乡村氛围，起到“春风化雨”的作用。树立榜样，通过榜样力量，提高村民对自身的道德价值评判，从而促进村民自觉地提升社会道德责任感。

（3）建立健全农村信用体系，完善守信激励和失信惩戒机制。

①加大农村地区信用宣传力度。联合地方政府、社团组织、金融机构等各方力量开展适合农村、形式多样的信用及相关金融知识的宣传、教育活动，提高农村经济主体对金融产品与服务的认识，增强农村经济主体的信用意识和风险意识，积极营造“守信光荣、失信可耻”的良好社会氛围，改善农村地区的信用环境。

②推进农户电子信用档案建设。组织农村地区金融机构，根据当地农村经济特点，因地制宜、科学合理地设计涵盖农户基本信息、生产经营、主要收入来源、住房结构等信息的农户信用信息指标，充分考虑农村金融机构的业务需求和现有设施的情况。从信用条件较好的地区、贷款农户，或种植、养殖大户入手，按照先易后难、稳步推进的原则，依托农村地区金融机构现有的客户管理系统，充分利用财政、农业主管部门等地方政府部门掌握的农户信息，推进电子化农户信用档案建设，并建立农村信用信息共享机制。

③积极开展农户信用评价工作。以农户信用档案为基础，引导、推动农村金融机构开发农户信用评价模型，建立、完善农户信用评价方法体系，根据农村经济特点和评价结果信息反馈，不断提高农户信用评价的科学性、有效性。推动农户信用评价结果与农户贷款审核、管理相结合，促进农村金融机构建立健全信贷业务及信用风险管理体系，逐步形成“农户+征信+信贷”的业务模式。在农户信用评价的基础上，继续规范和深入开展“信用户”“信用村”“信用乡（镇）”建设工作。

（六）中华优秀传统文化的含义

中华优秀传统文化是中华民族在漫长历史长河中淘洗出来的智慧结晶，既呈现为浩如烟海、灿烂辉煌的文化成果，更集中体现为贯穿其中的思想理念、传统美德、人文精神等。

习近平总书记指出：古往今来，中华民族之所以在世界上有地位、有影响，不是靠穷兵黩武，不是靠对外扩张，而是靠中华文化的强大感召力和吸引力。中华优秀传统文化构成复杂，是儒、释、道“三位一体”的文化，具有历史传承性、延续性①。

在源远流长的历史长河中，中华民族孕育形成自己的独特文化，造就了中华民族的精神追求，构建了中华民族的精神家园。中华优秀传统文化是先辈留给我们的无形财富，是我们民族的优秀劳动成果和智慧结晶，是中华民族生生不息的根与魂，具有激发民族自信心和自豪感的作用②。

（七）弘扬中华优秀传统文化的必要性

习近平总书记高度重视中华优秀传统文化，在其系列讲话中谈到弘扬中华优秀传统文化的重要性，弘扬中华优秀传统文化对于推动文化振兴有重要意义③。中华文化博大精深、源远流长，具有深厚的历史底蕴和价值内涵，加强中华传统文化宣传教育是践行社会主义核心价值观的重要内容。

1. 中华民族传统文化蕴含丰富的德育资源

千百年来，各民族在发展中形成了各具特色的传统文化，这些优秀文化是德育资源的重要源泉，对于提升思想道德修养、提升道德水平具有较好的教化作用。以少数民族为例，我国有 55 个少数民族，每个民族都有自己特有的文化，每种文化都是中华上下五千年文明的缩影④。以传承与发展为主题开展的民族教育活动，有利于传播科学技术知识、传承民族文化，促进民族地区经济。

2. 中华传统民族文化是民族凝聚的精神力量

文化底蕴是民族精神的根本。一个国家、民族能够长期发展，原因就是依靠高度凝聚的民族文化精神。在历史发展的长河中，不同的思想文化碰撞，形成了推进中国发展和历史进步的强大力量，在无形中造就了富有生命力的中华民族精神。在发展的历史长河中，中华民族多少次面临危机，是各类具有民族气节的英雄人物挺身而出，用内心的炽热和誓死不屈、永不泯灭的精神捍卫中华民族。这些精神是中华民族优秀传统文化的重要组成部分，是民族发展的精神源泉，是拥有强大力量的丰厚滋养。

3. 中华优秀文化是社会主义核心价值观的理论源泉

社会主义核心价值观是社会主义核心价值体系的核心，通过实践社会主义核心价值观，大力继承社会主义核心价值观和延续中华民族思想，促使中华民族能够以更加昂扬的姿态站在世界的舞台上。

---

① 段超：《中华优秀传统文化当代传承体系建构研究》，《中南民族大学学报（人文社会科学版）》2012 年 32 卷第 2 期，1-6 页。

② 李宗桂：《试论中国优秀传统文化的内涵》，《学术研究》2013 年第 11 期，35-39 页。

③ 左鹏：《论习近平对中华优秀传统文化的继承和弘扬》，《社会主义核心价值观研究》2016 年第 2 卷，第 3 期，50-59 页。

④ 赵永文：《少数民族传统文化德育价值研究》，硕士学位论文，武汉理工大学思想政治理论课教学研究部，2013。

（八）中华优秀传统文化在乡村中的价值主要体现

1. 为乡村振兴提供精神支柱

中华优秀传统文化在乡村有天然的发展土壤，农耕文化孕育了中华民族的优秀传统文化。乡村历来是发展农耕的主要场所，是中华优秀传统文化的发源地。中华优秀传统文化对农民的生活方式、行为方式、劳作方式等起着引导和精神支撑的作用，也是很多农民生存发展的核心动力。保护和发展具有当地文化特色且具有深厚文化底蕴的传统文化，不仅能够打造乡村的特色文化，还能够为村民提供丰富的文化精神动力。

2. 为乡村振兴创造良好的发展秩序

中华优秀传统文化已经融入乡村群众的日常生活中，与乡村群众的生活紧密相关，是世代村民之间的相处规则和相守之道。尤其是儒家文化思想，对村民的生活和人际关系有着很大的影响。在乡村振兴过程中，传承和保护中华优秀传统文化资源，可以增强民众间的好感与信任，同时增强村民的认同感和归属感。

在众多优秀的传统文化中，还有很多文化实体存在，如宗祠、族谱、村谱等，能起到很好的约束和规范作用，在一定程度上可以维护乡村生活和发展秩序，有助于社会和谐稳定。此外，还有很多中华优秀传统文化节日与活动能够聚集村民群众，如除夕、元宵节、花灯节、庙会、集市等。这些中华传统文化节日与活动，或者促进农村经济发展，或者促进村民感情联络，或者增加乡村文化色彩，或者增进社会和谐稳定，在一定程度上为乡村振兴的实现营造了良好的发展秩序。

3. 为乡村振兴提供文化资本

乡村的很多古建筑、古村落、工艺品、制作手工艺、生活方式等都带有浓厚的中华传统文化气息，而且这些具有中华优秀传统文化气息的物质内容都可以通过市场化运作，成为旅游开发、商品开发的资源。正因为如此，中华优秀传统文化是促进乡村经济建设的一个重要着力点，是发展乡村特色经济的核心内涵，是乡村振兴的文化资本。很多乡村商品、项目都可以借助中华优秀传统文化而焕发新生。例如，故宫文化衍生产品能够获得如此良好的反响，就是因为产品背后有深厚的中华优秀传统文化内涵，这种文化内涵赋予产品、项目新的生命力。乡村商品、项目也是如此，只有以中华优秀传统文化为根基，才能走出一条有特色的乡村振兴发展道路。

（九）弘扬中华优秀传统文化的措施

文化振兴是乡村振兴的重要内容，弘扬中华优秀传统文化要立足于乡村文明，吸取城市文明及外来文化优秀成果的同时注重传承与保护，推动中华优秀传统文化创造性转化、创新性发展。《规划》中就如何弘扬中华优秀传统文化提了三个要求。

1. 保护利用乡村传统文化

《规划》针对保护利用乡村传统文化提出意见，主要集中在以下几点：

（1）实施农耕文化传承保护工程。加强对农耕文化传承保护工程，应集中对濒危农耕文化进行抢救，致力于农耕文化保护基础设施的建设，大力推进农耕文化保护与传承示范工作。

①实施濒危农耕文化抢救工程。通过对第一手资料和数据的研究分析，确定一批濒危项目，适时出台有关农耕文化濒危项目保护和开发政策，制定保护与传承的规划方案及相关业务工作指导意见。有关部门应编制濒危农耕文化项目专项保护规划，提出前瞻性的分期实施目标，制定详细的保护措施。加大对云南省少数民族剧种和民间绝技、绝艺、绝活的抢救保护力度。加强农耕文化实物、文献资料的征集和保护，征集和收藏社会上散存的具有特殊价值的典型实物、文献资料，对最具典型性、亟待保护和最具挖掘利用价值的部分进行重点保护。

②实施农耕文化保护基础设施建设工程。建设一批与云南省农耕文化地位相适应、与民族团结进步示范区的目标任务相衔接、与“三农”工作紧密结合、具有高度专业化水平和综合实力的专业性博物馆。建立一套科学有效的保护措施和保护方法，尽可能完整、长久地保存留传文物和标本。充分发挥博物馆、非遗展示馆、传承基地的功能，提高宣传、展示效果。争取每一个少数民族建设一个代表性的农耕文化博物馆，馆址应选在本民族文化保存最为完整的地区，把原态保护与活态传承紧密结合起来。在农耕文化资源丰富、特点突出、条件成熟的地方，切实加强农耕文化传承基地、传习所（传承点）基础设施建设，改善农耕文化保护传承、宣传展示条件。

③实施农耕文化保护与传承示范工程。继续抓好“历史文化名镇、名村”“传统村落”“民族传统文化生态保护区”“民族特色村寨”“民族文化生态旅游村”“生态文化村”建设，以村民的自觉保护为重点，实行整体性保护，实现文化与生态的多样性和可持续协调发展。力争把示范工程建成农耕文化展示的功能区、保护的核心区、传承的样板区。

（2）完善非物质文化遗产保护制度。为了确保遗产保护工作制度科学规范、运行有效，要以五大举措为抓手。

①健全调查记录相关制度，摸清云南省非物质文化遗产资源的种类、数量、分布状况、生存环境、保护现状，促进全省非物质文化遗产资源的整合共享。

②完善代表性项目制度，健全云南省各级代表性项目名录体系，建立代表性项目、代表性传承人申报预备名录，构建更加科学、合理的代表性项目分类体系。

③完善云南省代表性传承人制度，健全认定与管理制度，探索认定代表性传承团体，加强培训和传承梯队建设，不断壮大传承队伍。

④完善云南“非遗”区域性整体保护制度，继续推进文化生态保护区建设，挖掘建设非物质文化遗产特色村镇、街区，实现对非物质文化遗产及其孕育发展环境的整体保护。

⑤完善云南省“非遗”传承体验设施建设制度，支持新建、改建一批非物质文化遗产展示、体验中心，争取将更多的非物质文化遗产传承体验设施建设项目，列入国家级非物质文化遗产传承体验设施建设范畴。

（3）实施乡村经济社会变迁物证征藏工程，鼓励乡村史志修编。

①要有序推进乡村博物馆、民俗文化展示馆、历史文化展示室建设。政府文化部门要提高认识，站在实施乡村振兴战略的高度，把乡村博物馆、民俗文化展示馆、历史文化展示室建设作为乡村文化振兴的重要内容，进行重要物件征藏工作，实现统筹规划。

②注重入藏品体系的研究与建设。按照藏品体系建设目标有规划地研究制定征藏范围、品种、标准，对达到文物级别的藏品，及时组织鉴定。

③要规范征藏流程。研究制定征藏流程，设立收藏准入机制、责任追溯机制，编写好著录规范、记录格式等相关文件。

④要对已濒临灭失或存量稀少、在社会经济发展中被迅速淘汰的关键性物证，在综合考虑征藏体系的前提下，优先抢救征藏。

⑤在乡村史志修编工作方面，要牢牢绷紧质量建设这根弦，把质量作为关系到乡村史志修编事业发展前途和未来的大事来抓。根据志书编纂流程，完善史志修编资料收（征）集、评议、审查验收等制度。建立质量管控体系，确保任务到人、责任到岗、全程监督、奖惩到位。

2. 重塑乡村文化生态

《规划》提出要紧密结合农村当地实际情况，建设特色小镇、文化小镇。其中，特色小镇是指在产业上坚持特色产业、旅游产业两大发展架构[①]；在功能上实现“生产＋生活＋生态”，形成城乡一体化功能聚集区；在形态上具备独特的风格、风貌、风尚与风情；在机制上是以政府为主导、以企业为主体、社会共同参与的乡镇。

深入挖掘当地乡村特色文化符号，盘活地方和民族特色文化资源，赓续农耕文化根脉，走特色化、差异化发展之路。以形神兼备为导向，保护乡村原有建筑风貌和村落格局，把民族民间文化元素融入乡村建设，深挖历史古韵，弘扬人文之美，重塑诗意闲适的人文环境和田绿草青的居住环境。在构建“看得见山，望得见水，留得住乡愁”的新型城乡关系中，让传统村落成为创造美好生活的助力，交出乡村振兴的美好答卷。引导各类社会人才投身乡村文化建设，丰富农村文化业态。

重塑乡村文化生态，应从重构以人才体系为基础的乡村主体和重塑现代乡村文化空间这两点出发：

（1）重构以人才体系为基础的乡村主体。重构乡村主体需要内外主体的共同努力，建构新型社群，通过政府及非政府组织建立多层次文化人才队伍。新型的社群人员包括原住村民和新村民（乡创人员、志愿者等），将现代高效的组织模式融入以血缘为纽带的乡邻关系之中，建立共生社群。同时应创新用人机制，在机构编制、职称职级、福利待遇等方面向基层文化人员倾斜。利用公益组织、社群组织建立相关的乡村创业人才基地，吸引志愿者、青年驻村参与建设。重视培育提升农民文明素质和专业技能，形成良性自我发展机制。

（2）重塑现代乡村文化空间。重塑现代乡村文化空间，要重新通过空间、材料和在地社区，

---

① 张耀星、陈桔华：《供给侧改革视角下的特色小镇建设研究——以广州市从化区为例》，《财讯》2018 年第 15 期，122-123 页。

寻求乡村文化空间与乡土文化的联系，着重加强村落的传统格局和历史风貌的保护性利用。在居住空间方面，既要考虑现代生活方便，但更要遵循保护村落整体风貌，保留建筑格局、外观的旧有形式，内部条件现代化，使得民居建筑所蕴含的文化意义得到传承。

3. 发展乡村特色文化产业

要加强规划引导、典型示范，打造一批特色文化产业乡镇、文化产业特色村和文化产业群，培育形成具有民族和地域特色的产品。积极开发传统节日文化用品和民间艺术、民俗表演项目，促进文化资源与现代消费需求有效对接，推动文旅融合。

（1）做好产业布局。做好产业布局，是发展乡村特色文化产业的前提保障。习近平总书记指出，加快发展乡村产业，要顺应产业发展规律，立足当地特色资源，推动乡村产业发展壮大，优化产业布局，完善利益联结机制，让农民更多分享产业增值收益。

政府可以在协调财政、税务、国土、金融、工商等部门的基础上，搭建起促进乡村特色文化产业发展的公共服务和管理平台。做好产业设计规划，立足各地乡村特色文化的差异性，科学规划、循序渐进，促进乡村特色文化资源与创意设计、现代科技、时代元素相结合，打造“一乡一特”“一地一品”，形成具有重要影响力和市场竞争力的乡村特色文化产业品牌。

（2）坚持科技赋能。互联网时代的乡村特色文化产业发展，必须顺应以网络化、数字化、智能化为发展方向的数字文化产业发展趋势，要深度应用5G、大数据、云计算等科技，将乡村特色文化资源进行活态化开发，将乡村中的特色历史文化、风俗民情、传统节日文化、非物质文化遗产等融合数字技术，通过现代化的设计和创意，制作成具有鲜明特色的数字文化产品。要促进具有乡村特色的数字化文化产品与社交电商、网络直播、短视频等在线新经济结合，实现乡村特色文化产品的价值增值。

（3）推动融合发展。做大做强特色优势乡村文化产业必须立足乡村特色文化资源，注重乡村特色文化产业的长期培育，建立乡村特色文化产业创新发展优势区，展现典型示范效应，以融合发展提高乡村特色文化产业的市场竞争力和抗风险能力。同时，要找准立足点和切入点，实现乡村特色文化、旅游与其他产业的精准融合和深度融合。

具体做法：①以乡村特色文化为基本元素，推动产品创意融合。②结合乡村特色文化的区位优势，扩大乡村特色文化产业市场，实现与其他产业的市场融合。③开展特色乡村文化节，采用沉浸式、互动式、植入式等现代性营销手段，促进与其他产业的营销融合。

（十）乡村文化生活的含义

文化指的是一个民族，或者群体，共有的生活方式与观念体系总称[①]。而乡村文化是在乡村的长期共同生活中所形成的乡村特有的、相对稳定的生活方式与观念体系的总称[②]，是在乡村社会发展过程中所创造出来的物质财富和精神财富的总和。乡村文化甚为丰富，包括无形和有形两方面，无形的物质表现为乡村地方戏曲、方言、家风、节庆活动、乡风民俗、

① 费孝通：《费孝通九十新语》，重庆出版社，2005，第164页。

② 胡映兰：《论乡土文化的变迁》，《中国社会科学院研究生院学报》2013年第6期，94-101页。

广场舞等；有形的物质层面包括独具村落特色的宗祠建筑、田园风光、农耕器具、名人故居、文化广场等[①]。生活是指人类生存过程中的各项活动的总和，范畴较广，一般指为幸福的意义而存在。生活包括人类在社会中与自己息息相关的日常活动和心理影射。

基于上述论述，可将乡村文化生活理解为是村民在农业生产与生活实践中逐步形成并发展起来的道德情感、社会心理、风俗习惯、是非标准、行为方式、理想追求等；表现为民俗民风、物质生活与行动章法等；以言传身教、潜移默化的方式影响着人们，反映了村民的处事原则、人生理想及对社会的认知模式等。是村民生活的主要组成部分，也是村民赖以生存的精神依托和意义所在。由于各地自然风貌、地理气候、民族文化、经济发展状况都不尽相同，以致呈现出“百里不同风，十里不同俗”的景象。

（十一）丰富乡村文化生活的必要性

城镇化、工业化、信息化发展同步推进农业现代化的同时，国家惠农政策的不断完善，农村社会发生了翻天覆地的变化，农民生活质量不断提升、生活水平不断提高，丰富农民文化生活显得愈发重要。然而，与飞速发展农村经济相比，农村公共文化建设相对滞后，难以满足广大农村群众的生活、娱乐需求。

农村公共文化娱乐设施和公共文化资源匮乏成为普遍，农民缺少参与文化娱乐活动的机会，导致农村不良行为频发，严重扰乱了农村社会秩序，不利于社会稳定。“早上听鸡叫，白天听鸟叫，晚上听狗叫”成为农村文化生活的真实写照。丰富农村文化生活，以多种形式开展多种多样的娱乐方式，能有效抵制农村消极文化的影响。

此外，农村文化是社会主义文化的重要组成部分，繁荣发展农村文化，对于活跃农民群众生活，提高农民整体素质，构建社会主义和谐社会有重要意义。农村群众文化的发展与繁荣不仅关系到广大人民群众道德行为的规范、理想信念的升华，同时也是推动社会进步，更好地服从和服务于改革开放大局，建设社会主义新农村的重要前提。

（十二）丰富乡村文化生活的措施

对于如何丰富乡村文化生活，《规划》提出了三点具体路径。

1. 健全公共文化服务体系

公共文化服务体系，即面向大众的公益性的文化服务体系[②]，主要包括先进文化理论研究服务体系、文艺精品创作服务体系、文化知识传授服务体系、文化传播服务体系、文化娱乐服务体系、文化传承服务体系、农村文化服务体系七个方面。2017 年 10 月 18 日，习近平同志在十九大报告中指出，要完善公共文化服务体系，深入实施文化惠民工程，丰富群众性文化活动。

健全乡村公共文化服务体系的价值的途径：

---

① 王芬：《融媒体语境下乡村文化传播研究》，硕士学位论文，安庆师范大学新闻与传播学，2022。

② 栾岚：《 浅议农村公共文化服务体系建设》，《未来英才》2016 年。

（1）健全乡村公共文化服务体系有利于促进社会主义新农村建设。社会主义新农村建设不同于一般意义的村庄改造，是农村经济建设、政治建设、文化建设、社会建设“四位一体”的综合体现。构建公共文化服务体系是新农村建设的重要组成部分，也是促进新农村建设的重要手段。

公共文化服务能够培育积极的乡村精神，为新农村建设提供精神动力；公共文化服务能够提高农民的文化素质，为新农村建设提供人力资源与智力支持；公共文化服务能够塑造良好的社会风尚，为新农村建设提供思想保障和舆论支持；公共文化服务体系能使广大农民充分享有文化建设成果，真正体会社会主义的优越性。

（2）健全乡村公共文化服务体系有利于增强党和国家的政治动员能力。农村公共文化服务是连接国家与农村社会、农民的桥梁，是国家向农村传达党政国策，对农民进行思想教育的课堂，也是农民了解国家法律法规的窗口，因而具有凝聚社会认同、构筑意识形态的功能，是农村社会自我整合和国家政治动员的重要手段。

1978 年以后，中国农村开启了村民自治化进程，国家对农村的社会治理与政治动员开始趋向于非政治手段，公共文化服务在其中的重要性日渐凸显。在此背景下，构建完善的公共文化服务体系，通过公共文化服务的方式进行国家政策宣传、主流意识形态构建，有着独特的优势，有利于增强农民对党和国家政策的认同，促进新农村建设。

（3）健全公共文化服务体系有利于继承和传播社会主义先进文化。公共文化服务体系是精神文明建设、传播先进文化的重要载体。社会主义先进文化有利于培养人们积极向上的精神风貌、健康文明的生活方式。由于农村文化工作长期受到忽视，导致公共文化产品供给不足的同时，出现了畸形发展的现象，并对社会产生恶劣影响。

完备的农村公共文化服务体系能够以文化产品和文化服务为载体，传递特定的思想文化和政治主张，倡导社会主义先进文化，积极构建社会主义核心价值观，引导广大农民崇尚科学、破除迷信、移风易俗、抑制腐朽文化，提高思想道德水平和科学文化素质。使积极健康的文化占领农村文化阵地，形成文明建康的生活方式和社会风尚，为新农村建设提供良好的文化氛围。

（4）健全公共文化服务体系有利于维护农村的社会稳定，促进和谐发展。农村公共文化服务体系不仅可以向农民提供文化产品和文化服务以满足文化娱乐需求，同时，还能够通过大众参与公共文化活动的方式，促进人与人之间的交流。密切的人际交流能够使农民摆脱社会孤独感，能够形成大众认同的道德规范和舆论导向，为农民的情感沟通、时事评判、思想交流提供现实平台和心灵桥梁。有利于缓和社会心理危机，化解社会矛盾，维护农村社会的稳定和长治久安，促进农村社会和谐发展为新农村建设提供良好的社会环境。

2. 健全公共设施体系

发挥县级公共文化机构辐射作用，带动乡（镇）、村级公共文化服务设施管理水平的提高，加强基层综合性文化服务中心建设；推进农家书屋延伸服务和提质增效，促进农民文化素质提升，丰富其精神生活；继续实施公共数字文化工程，完善乡村公共体育服务体系，推动农村健身设施全覆盖。

具体做法：

（1）构建多元资金投入机制，保障文化基础硬件设施建设。开拓全方位、多元化的投入渠道，以政府财政投入为主，积极引导和鼓励企业家、社会组织、个人等积极参与到文化基础设施的建设和文化产品的供给中来，保证农村文化服务体系建设工作的顺利开展。相关政府部门要积极改革财政体系，适当增加文化建设财政投入比例，有计划地设立农村文化建设专项资金，专款专用，保障文化建设财政资金使用效率。各基层政府应该从各村文化发展的实际情况出发，坚持有效性原则，即兼顾社会效益和经济效益，合理规划文化公共产品资金供给。同时还要积极引导社会资本和市场力量参与农村文化服务体系建设，开展多方协作，拓展融资渠道，建立多元投资机制。

（2）完善服务供需反馈和纠偏机制，促进供给与需求有效对接。政府需要加强与农民群众之间的交流、互动和对话，建立完善的供需反馈和纠偏机制，提高政府优质文化产品供给的效率，满足农民的所思所盼。

①注意乡土文化与城市文化的差异，准确把握新时代乡村村民对公共文化的需求。要根据每个地区、每个村落，针对不同年龄、不同层次农民群众特殊的、变化的文化需求，突出农村公共文化建设的特色，避免文化产品供给的同质性和不实用性。

②坚持以需求为导向，构建精准的需求识别与表达机制。一方面，通过村内广播、村务公开栏等及时在村内公布和宣传国家相关文化政策，保障农民的知情权、参与权。另一方面，政府要加强与当地科研院所的合作交流，组织专家队伍和政府工作人员深入农村基层进行调研。通过实地调研形成概括全面、客观实际的调研报告，成为群众表达诉求，政府科学、民主决策的权威依据。

③完善文化服务供给反馈纠偏机制。对已实施的文化服务项目进行满意度调查，根据指标反馈，及时调整供给，制定科学客观的供给纠偏机制。在信息网络化飞速发展的时代，公共数字化的发展为农村公共文化服务体系建设提供了便捷化、高效化的基础条件。政府要与时俱进，有效利用线上和线下相结合的手段，完善供给反馈与纠偏机制：通过村民大会、村民委员会和政府有关公共文化服务的专门网站了解农民实际需求，收集文化服务中存在的问题；通过网络数据分析和实际工作经验，整合需求信息、梳理问题，形成一条上下对接的需求表达与供给反馈渠道。

（3）创新文化服务机制，增强农民文化自治主体意识。政府要积极创新文化服务机制，培养农民主体意识，增强农村自我“造血”的功能。

①创新农村文化服务手段，利用互联网，建立数字化服务平台。实施“村村通”宽带工程，促进服务与科技的融合。通过网络监管，筛选积极的、健康的文化技术知识进行网上推

送，以视频、语音播报的便捷方式帮助农民获取与日常生产劳动、情感生活有关的知识。对于政府而言，可以利用“互联网 +”形式，搭建“网格化”公共文化服务平台，改变格式化、机械化的分配机制和管理机制，及时了解文化需求，及时反馈纠错，畅通上下沟通渠道，提高政府治理服务效能。

②在传播语言、传播方式和活动载体上进行创新。用贴近老百姓生活、通俗易懂的语言将先进文化思想进行宣传教育，使其内化于心，从而激发农民群众文化建设的自觉性和责任感，培育其公共文化意识和精神。

③积极鼓励农民自办文化活动、自创文化。从参与文化活动的过程中，让农民群众肯定自身价值，增进文化参与感与幸福感，最终达到增强农民文化自治主体意识的目的。

3. 增加公共文化产品和服务供给

农村公共文化产品，即满足农村地区文化建设需要，在消费上具有非竞争性和非排他性的物质产品和服务。当前的农村公共文化产品主要有广播电视、电影、出版、报刊、互联网、文化演出、图书等。增加公共文化产品和服务供给，具有重要的价值意义。

（1）从村民角度来看，一方面，在乡村脱贫攻坚全部结束后，村民生活结构逐渐优化，生活质量全面提高，因此也对农村公共文化产品和服务供给提出了更高的要求，精神文化生活正显示出应有的重要性。另一方面，让城乡居民都能平等地享有公共文化产品和服务供给也是公民的基本权利。

（2）从政府角度看，增强公共文化产品及服务供给的功能是政府公共服务职能应有的题中之义。公共文化产品作为一种社会公共产品，由于缺少经济回报，基本上属于企业、个人等经营性机构不愿投入或投入积极性不大的领域[①]。因此，为社会提供公共产品的政府应当承担主要责任。

（3）从乡村建设角度来看，增加公共文化产品和服务供给有利于积累、传承、创新和弘扬乡村优秀民族文化与民族精神，有利于提升乡村居民的文化素养，丰富其文化生活。

《规划》提出要深入推进文化惠民，建立农民群众文化需求反馈机制，推动政府向社会购买公共文化服务，开展“菜单式”“订单式”服务。加强公共文化服务品牌建设，开展文化结对帮扶。支持“三农”题材文艺创作生产，加强农村科普工作。

具体做法：

①从实际出发，积极建立农民公共文化需求反馈机制，尊重农民文化需求的表达权和公共决策的参与权；在公共文化的设施建设与服务提供上，要让农民群众有充分的发言权，并建立一套自下而上的反馈机制。同时建立多种形式的需求征集机制，做到专人负责，定时梳理，信息互通共享。确保群众基本文化需求反馈渠道的畅通，并根据群众的实际需求和合理要求，

① 刘飚：《体制创新与发展文化经济》，广东人民出版社，2007。

不断改进工作，满足广大人民群众的基本文化需求。

②打造公共文化服务平台。发展“互联网+公共文化服务”新模式，依托互联网技术打破公共文化服务的时间、地域限制，打通数字公共文化服务的“最后一公里”，实现掌上文化服务。同时依托互联网平台，线上推出网上书城、活动预约等栏目，让村民随时享受优质丰富的文化服务，线下探索形成公共文化服务演出、讲座、展览、阅读等活动，通过文化活动以点带面，调动村民积极性和创作力。

③加强农村科普工作。大力开展科普下乡，利用专家、科研人员与技术人员对农户进行培训，提高农村地区的科普水平，增强农村人员的科学素养。此外作为科研人员要将研发与农村科普工作相结合，在实际工作中，利用最新的科技成果，进行科普宣传。同时积极开发实用的、能提高农业生产力的科学技术并将其具体使用方法向农民进行科普，供农民使用。而作为技术工作者，要把信息和技术引入农村，要改变传统的科普方式，探索多层次、多渠道的生动活泼的方式开展科普工作。

4. 广泛开展群众文化活动

群众文化活动是群众开展交流、涵养自身文化、提升整体文化素养的重要方式。《规划》明确提出要广泛开展群众文化活动。

（1）完善群众文艺扶持机制，鼓励农村地区自办群众文化活动，支持农民办自己的文化艺术节、诗歌故事会、剧团演出、书画摄影展等活动。农民既是文化的享受者，又是农村文化活动的主体。完善群众文艺扶持机制，鼓励农村地区自办文化，能调动广大农民参与乡村文化建设的积极性，可以丰富充实文化振兴的工作内容，为广泛开展群众文化活动提供基础。

（2）培育挖掘乡土文化本土人才，支持乡土文化能人牵头开展群众文化活动。乡土人才在引导农民群众摆脱传统观念束缚、转变农业生产经营方式、推动经济快速发展、繁荣农村文化上发挥着重要作用。加强乡土人才文化技能培训，发挥专业人才优势，能够助力乡村文化活动开展，同时促进乡村文化振兴。

（3）强化基层文化队伍培训，培养一支懂文艺、爱农村、爱农民、专兼职相结合的农村文化工作队伍，推进群众文化活动的开展。鼓励专业文化工作者和社会各界人士参与到基层文化建设的群众性文化活动中，不断壮大乡村文化工作队伍，营造专兼结合、广泛参与的基层文化工作队伍格局，为乡村群众文化活动的开展保驾护航。

（4）传承和发展民族民间传统活动，广泛开展形式多样的农民群众性活动。进一步满足广大农民群众的精神文化需求，丰富农民闲暇生活，增强农民群众的凝聚力。同时鼓励开展群众性节日民俗活动，支持文化志愿者深入农村开展丰富多彩的文化志愿服务活动。大力弘扬“奉献、友爱、互助、进步”的志愿服务精神，不断推进农村文化志愿服务常态化、制度化开展。营造全民参与志愿服务的良好氛围，让更多有爱心、有能力的人参与到文化志愿活动中来。

二、《中华人民共和国乡村振兴促进法》（以下简称《促进法》）文化振兴解读

（一）《促进法》出台的背景和意义

1. 背景

乡村振兴是党和国家基于我国社会发展现状作出的重大战略部署，是促进城乡一体化发展，缩小城乡差距的重要一环。随着乡村振兴的逐步推进及社会经济的快速发展，党的十九大报告对我国的发展进行总结后指出：中国特色社会主义进入了新时代，我国社会的主要矛盾已经转化为人民日益增长的美好生活需要和不平衡不充分发展之间的矛盾[①]，这种不平衡不充分在农村地区表现尤为显著。

（1）农村地区乡村“空心化”和老龄化较为显著，由于市场机制和城乡二元体制的影响，农村大量资源向城市倾斜聚集，其中人口向城市的流动对于农村社会的影响较为显著。特别是在中西部地区，大量青壮年人口的外流使得农村地区的人口结构发生变化，农村地区人口减少，留守儿童、空巢老人比例提升，现有的人口结构不能适应农业农村现代化发展的需要。

（2）集体经济薄弱，发展资金供给显著不足。据统计，截至 2018 年底，经营收入达到 5 万元以上的村有 19.9 万个，没有经营收益的“空壳村”有 19.5 万个，经营收入在 5 万元以下的村有 15.2 万个，集体经济较为薄弱。此外，农村发展水平较低，集体经济自我积累的能力较低，没有充足的融资渠道，融资受限，资金供给不足。

（3）农村基础设施不完善，公共服务滞后。在道路、水电、网络等设施上依旧存在部分村庄落后的现状。同时还有部分农民游离于养老保险之外，教育资源也有待提升。

（4）农民收入提升难度大，城乡居民收入差距缩小的同时也要看到，农民收入的提升不是依靠农业农村，而是通过城市产业支撑。从长远的角度来看，这种模式具有不可持续性。农村地区多数没有产业支撑，且有产业的农村地区发展动力潜力也较差，没有足够的能力解决农村大量务工人员的就业问题，不利于城乡收入差距的长远缩小。这些发展不平衡已经成为制约我国城乡发展一体化及现代化发展的主要短板之一。对于农村地区来说，实施乡村振兴战略，缩小城乡差距，提升居民生活水平，实现城乡均等化发展、服务迫在眉睫。基于这样的现实背景，党的十九大报告提出，要制定乡村振兴法，将乡村振兴政策法定化，让立法在乡村振兴中的充分发挥保障作用。

2. 意义

实施乡村振兴是新时代做好“三农”工作的总抓手，是贯穿社会主义现代化国家建设全过程的一项历史性任务。随着乡村振兴战略的推进，我国农业发展取得了一定的成就，农业经济取得重大突破、农村经济快速提升、农民生活水平全面提升。党的十九大以来，党中央

---

① 习近平：《决胜全面建成小康社会夺取新时代中国特色社会主义伟大胜利——在中国共产党第十九次全国代表大会上的报告》，《云岭先锋》2017 年第 11 期，16-34 页。

针对“三农”问题制定了一系列政策方针，发布中央一号文件和乡村振兴战略规划，同时召开全国农业农村会议。诸多举措表明，党中央把推进农业农村现代化摆在当下现代化建设的重要位置。

《促进法》是贯彻党中央重要决策部署的重要体现，是保障乡村战略全面实施的重要举措，是新发展阶段，推进乡村振兴战略重要法治依据。《促进法》的制定，进一步夯实了乡村振兴制度体系，丰富了新时代中国特色社会主义的理论成果，也为推进乡村振兴、走出了一条中国特色社会主义乡村振兴的中国道路夯实了法律基础，有助于推进乡村振兴战略全面实施，促进农业全面升级、农村全面进步、农民全面发展，对于加强农村精神文明建设，提高乡村社会文明程度，弘扬民族文化精神和时代精神有重要的意义。而文化振兴作为乡村振兴的重点之一，是推动乡村社会建设、生态文明建设、政治经济建设的基础，是实现乡风文明、精神富裕的关键。我们必须坚持以社会主义核心价值观为引领，大力弘扬民族精神和时代精神，加强乡村优秀传统文化保护和公共文化服务体系建设，繁荣发展乡村文化。

（二）《促进法》的核心要义

1. 体现党的领导

《促进法》把坚持中国共产党的领导作为首要原则以法律形式固定下来。回望百年奋斗征程，中国共产党带领农民不断奋斗，开创了新时代“三农”新局面，务必要认真贯彻落实《促进法》，不断加强党对“三农”工作的领导。

2. 坚持新发展理念

推动传统农业向现代农业转型升级离不开新发展理念。要在推进乡村振兴的全过程贯彻新发展理念，把创新、协调、绿色、开放、共享的要求体现在产业发展、人才支撑、文化繁荣、生态保护、组织建设的全过程。《促进法》在各章节、各条目中均体现出新发展理念。

3. 体现坚持农业农村优先发展

从《促进法》的内容来看，涉及农业发展、农村建设的各个方面。《促进法》立足于全面推进乡村振兴加快农业农村现代化，建立了农业农村优先发展的组织保障，为优先发展农业农村方针的落实奠定了重要法制基础。

4. 体现坚持农民主体地位

制定《促进法》，坚持以人民为中心的思想，将坚持农民主体地位、维护农民根本利益作为根本遵循。尊重农民意愿，保障农民合法权益贯穿法律始终，促使广大农村群众从乡村振兴的“旁观者”转变为“参与者”“践行者”。

5. 体现人与自然和谐共生

推动生态文明建设不仅仅只在城市，农村也是践行生态文明建设的重要场域。坚持人与自然和谐共生是深入践行习近平生态文明思想的生动体现，有助于推动农村高质量发展。

（三）《促进法》中文化振兴的重点领域

《促进法》在第四章“文化繁荣”中提出了五条准则，从总体上可概括为丰富文化生活、建设文明乡村。具体包括：加强农村精神文明建设；培育“三风”（文明乡风、良好家风、淳朴民风）；保护农业文化遗产；活跃农村文化产业。

（四）理解《促进法》中的“促进”

《促进法》是第一部以“乡村振兴”命名的基础性、综合性法律文件，与2018年的中央一号文件相比多了“促进”两字。这是用调整的方法来区分主体法、行为法等其他法律。《中华人民共和国乡村振兴促进法》是一部典型的促进法，主要针对的是政府及有关部门，规范政府及有关部门在乡村振兴中认真履行职责，并对政府及相关部门未履行相应责任而应该承担的法律责任作出相应规定。

（五）《促进法》对加强农村精神文明建设的规定

农村精神文明建设的内容随着物质文明建设的发展而发展，主要包括农村思想建设和农村文化建设两个方面，是社会主义精神文明建设的重要方面之一。

（1）《促进法》指出，要开展新时代文明实践活动，加强农村精神文明建设，提高思想认识，提升村民思想觉悟，不断增强乡村社会文明程度。

（2）《促进法》指出，需要开展形式多样的群众性文化体育、节日民俗等活动提升乡村的精神文明建设，利用现代化媒体设备（包括广播电视、视听网络等工具）提供多渠道的传播方式，拓宽乡村文化建设的路径。加强农村文化建设也体现在文艺创作之中，支持以农业农村农民为题材，创作反映农民生产生活和乡村振兴实践的优秀文艺作品。

（六）加强农村精神文明建设的重要性

加强农村精神文明建设是促进乡村文化振兴的重要内容。2020年，在中央农村工作会议上，习近平总书记强调要加强社会主义精神文明建设，加强农村思想道德建设，弘扬和践行社会主义核心价值观，普及科学知识，推进农村移风易俗，推动形成文明乡风、良好家风、淳朴民风。

2021年，《中华人民共和国乡村振兴促进法》中再一次强调了加强农村精神文明建设的重要性，加强农村精神文明建设是激活农村文化的“精神末梢”，弘扬农村德风的“精神内涵”。农村精神文明建设是滋润人心、德化人心、凝聚人心的工作，加强农村精神文明建设有利于切实提升农民精神风貌、增强农民凝聚力、培育乡村好风尚，不断提高乡村社会文明程度，推动乡风民风美起来、人居环境美起来、文化生活美起来，为全面建成小康社会提供坚强的思想保证、强大的精神力量、丰润的道德滋养、良好的文化条件[①]。

同时，农村精神文明建设既是推动文化建设高质量发展和农村高质量发展的内在要求，也是实现中华民族伟大复兴中国梦的强大精神动力。

---

① 赵鹏：《社会主义新农村建设中的文化创新研究》，《文艺生活（中旬刊）》2018年第8期，第206页。

（七）《促进法》对加强农村精神文明建设，促进文化繁荣的要求

《促进法》对于文化繁荣的要求主要集中在以下几点：

1. 强化政府服务理念

（1）将政府服务放在首位，对各级政府提出了相应的要求，要求各级政府应该组织开展新时代文明实践活动，提升乡村社会的文明程度。

（2）要求各级政府采取相应措施丰富农民文化体育生活，倡导科学健康的生产生活方式。

（3）要求各级政府健全完善乡村公共文化体育设施、网络和服务运行机制，鼓励支持开展文化活动、文艺创作。

（4）要求各级政府采取措施保护文化遗产[①]，等等。

这些要求都明确体现出政府在开展文化振兴的过程中，要树立精神文明和物质文明建设并重的理念，把农村精神文明建设放到与农村物质文明建设相等的地位。同时，还要树立精神文明建设形式与内容一致的理念，既要确保形式正确，有文化阵地和能够开展文化活动、关注农村教育的条件，又要确保内容充实，有文化阵地设施齐全、文化活动丰富多彩、农村教育蓬勃发展的基础。

通过这些要求，促使政府在文化繁荣的进程中充分发挥自身的服务功能，确保文化振兴的顺利实施，为文化振兴保驾护航。

2. 推进精神文明阵地建设

精神文明阵地是文化宣传、文化衍生的关键，没有精神文明阵地，文化振兴无从开展。因此，《促进法》对精神文明阵地建设也作了相应的建议要求，如加强对历史文化名镇名村、传统村落和乡村风貌、少数民族特色村寨的保护；有计划地建设特色鲜明、优势突出的农业文化展示区、文化产业特色村落等。而要充分发挥精神文明阵地作用，还要有完备的农村文化设施，因此除了对文化资源进行保护外，还应着手推进农村文化综合场所升级工作，开设棋牌室、健身室、聊天室、阅读区等不同文化功能区域，并且完善相关配套设施。此外，在农家书屋完全覆盖农村的基础上，还应增加农家书屋藏书量，让书籍种类多样化，并且做到及时更新。并组建固定维修队伍，定期对相关健身器材与设备进行维修，确保功能完善与使用安全，助力精神文明阵地建设。

3. 加强文化人才队伍建设

人才队伍是乡村振兴的关键，也是乡村文化振兴的要点。《促进法》中提出要普及科学知识；传承和发展优秀传统文化；发展乡村特色文化产业；等等。

这一系列的要求，离不开专业人才的支持，因此对于乡村文化振兴还应加强文化人才队伍建设，让人才成为文化振兴的助力。

---

① 中华人民共和国第十三届全国人民代表大会常务委员会第二十八会议：《中华人民共和国乡村振兴促进法》。

具体可从以下几点出发：

（1）聘请专业人才对乡村文化资源进行整理和分类，有规划地对乡村文化进行开发宣传。同时，充分利用专业人才文化素养优势，加大提高相关人员培训力度，各级政府还应积极邀请专家为农村干部普及农村精神文化建设相关知识。改变相关人员素质、能力不足现状。

（2）完善队伍结构，构建一支综合性人才队伍，既有专业技能型人才、管理人才，又包含优秀乡贤。

（3）加大农村文化建设的资金投入力度，同时，拓展资金渠道，引进社会资本，增加农村财政补贴，为农村财政蓄势，进而增加农村人才的工资，激励优秀人才留在农村。通过这些方式让文化专业人才下乡要下得去、留得住，助力乡村振兴。

4. 举办多样的农村文化活动

农村文化活动是加强农村精神文明建设的重要方式方法，《促进法》对于开展农村文化活动提出了一些要求，如鼓励开展形式多样的农民群众性文化体育、节日民俗等活动。这是从我国农村社会现状出发提出的切合农村发展实际的要求。乡村文化振兴需要定期开展农民喜闻乐见的文化活动，既要鼓励农民积极参与，又要追求活动形式创新，通过创新文化活动形式，提升农村精神文明建设水平。

具体可以从以下两点开展活动：

（1）在农村广泛开展先进个人、美好家庭等评选活动，评选“星级农民”“最美家庭”，为其他家庭树立榜样，促进农村家庭和谐氛围的形成。

（2）可以广泛在农村地区开展公益性文艺演出和露天电影播放等活动，举办以农民为主要参与者的文化艺术节与体育健身比赛，并且颁发奖杯、证书、奖金等，给参与的农民予精神与物质上的奖励。

（八）《促进法》中的“三风”

《促进法》中培育的“三风”指的是培育文明乡风、良好家风、淳朴民风。

（1）文明乡风是村民在思想道德观念、价值取向、生产生活方式、行为习惯等方面形成的文明社会风气。主要包括农村社区风气（村民对所在地活动的参与程度及所在地基础设施建设情况），生活态度（村民对生活的心理和行为倾向），农民创新意识（学习意识、对新鲜事物、新技术的接受程度）。

（2）良好家风是指家庭在世代传承的过程中形成的生活原则、处世之道和道德习惯，可从家庭教育、家庭亲密度、家庭环境三个方面来衡量。

（3）淳朴民风是指社会民众为人处世的态度、习惯和风格，是对民众整体风貌的概括与描述，可从封建迷信情况、移风易俗情况、教育重视情况、不良风气情况四个方面来衡量。

（九）农村地区培育“三风”的重要性

积极培育文明乡风、良好家风、淳朴民风，是建设美丽乡村的精神内核，是推进乡村振兴的强大精神动力。其重要性主要在于两个方面：

（1）培育文明乡风、良好家风、淳朴民风有利于调动人民的主人翁意识。习近平总书记在参加十三届全国人大一次会议山东省代表团审议时强调，实施乡村振兴战略，要充分尊重广大农民意愿，调动广大农民积极性、主动性、创造性，把广大农民对美好生活的向往化为推动乡村振兴的动力。“三风”作为乡村振兴之魂，可以激发广大农民的主人翁意识，实现从“要我文明”到“我要文明”的转变，由被动化为主动，促使村民积极地参与到美丽文明乡村的建设与发展中，从而让广大村民能够做到为乡村振兴建言献策，用自己的实际行动助力乡村振兴。

（2）培育文明乡风、良好家风、淳朴民风，有利于展现良好的乡村形象，不断提高农民群众的思想、文化、道德水平。通过对“三风”的培育能重建农村精神家园，丰富农村文化生活，形成崇尚文明、崇尚科学、健康向上的社会风气。例如，通过培育文明乡风，乡村的村容整洁度得到了极大的提高，之前农村中垃圾乱丢乱弃的现象常有发生，现在各村之间统一配备了垃圾桶，并且由专门人员负责清理，垃圾乱丢乱弃的现象没有了，进而呈现出的是干净、整齐的村落，村民的居住环境得到了极大的改善。

通过培育淳朴民风，使得以前红白喜事的大操大办现象得到了极大的改善，村民们不再等着父母去世的时候通过葬礼的大场面来展现自己的孝心，也不再以婚礼现场的大场面来论“英雄”。通过培育良好家风，村民们将孝心体现在日常的养老过程中，对父母嘘寒问暖，给予更多的陪伴与关怀，邻里之间和谐相处、相互帮助，现在村中真正展现出一幅父慈子孝、邻里和睦的景象。

（十）《促进法》关于培育“三风”的措施

《促进法》中提到，要推进移风易俗，破除大操大办、铺张浪费等陈规陋习；丰富农民文化体育生活，倡导科学健康的生产生活方式，发挥村规民约积极作用，普及科学知识；提倡孝老爱亲、勤俭节约、诚实守信，促进男女平等，创建文明村镇、文明家庭。

1. 要积极主动纠正社会不良风气

（1）要严抓严打严考核，将纠正社会不良风气融入乡村治理的日常工作中。

（2）要增强对农村地区违法行为的整治强度，加大农村治安巡逻力度，对农村的赌博、邪教宣传活动、非法物品贩卖等违法行为进行有效打击。对于违法犯罪人员要从严处罚，违规场所要进行严格取缔。

（3）以政府为主体的各级组织及其他社会组织，要积极弘扬宣传正确的价值思想与观念，帮助农民树立正确的消费观和婚丧嫁娶观念，从思想根源上杜绝部分群众消费盲目攀比、大操大办、铺张浪费行为，促进良好社会风气的形成。最后要发挥道德模范、乡贤等先进个人的引领作用，开展精神引导，帮助农民形成良好的思想道德，提升人们的社会公德意识。

2. 要丰富乡村精神文化活动，优化文明乡风

（1）基层政府应通过举办演出、展览、比赛、宣传讲座等形式，激发村民文化参与的

自觉性，鼓励支持村民文化自办，简化自办文化的审批手续，积极组织文化自办交流活动，传播新思想、新风潮，丰富村民的精神文化生活。

（2）要创新图书室的利用模式。图书室的创新服务要因地制宜，满足地域特色和当地村民的需求。可以通过开展农业科技培训、夜校学习班及读书比赛等活动，营造融洽的文化氛围，激发村民的学习热情，提高图书室的使用率。

3. 要创新家风建设载体，传承并重塑家风发展内容，培育优良家风

新时期家风建设要体现时代发展的要求，政府可以充分发挥新时代新媒体技术的引导作用，创新家风的传承载体和形式，通过微信公众号、微电影等方式将良好家风家训植入传统节日、民间戏曲、好人好事及群众文化阵地之中。同时，开展优良家风家训的征集活动及“最美家庭”的评比，充分发动群众，通过评选优良家风家训，激发人们对家风建设的关注与热情。

同时，创新家风内容，做到古为今用、推陈出新。积极调动社会力量挖掘和收集当地优良家规家训和历史文化资源，树立道德榜样和传承优秀历史文化，并引导人们把践行社会主义核心价值观同日常生活联系起来，将核心价值观变成看得见、感得到、行得通的具体实践，以家风家训教育来培育和践行社会主义核心价值观。

4. 基层政府应将乡风、民风和家风建设作为一个系统工程来抓

乡风、民风和家风不是孤立存在的，三者之间存在着相互影响和促进的内在联系，因此应将三者作为一个系统工程，统筹安排，通过建设良好家风塑造淳朴民风、带动文明乡风，同时以优良乡风民风深化良好家风。换言之，就是要积极响应习近平总书记的号召，以培育和践行社会主义核心价值观为根本途径，以“注重家庭、注重家教、注重家风”为着力点，积极倡导弘扬优良家风，唤醒广大家庭的道德自觉，以良好家风塑造优良民风，推进文明乡风。

（十一）农业文化遗产的含义

农业文化遗产是指人类与其所处环境长期协同发展中创造并传承的独特农业生产系统，是人类在历史上创造并传承保存至今的各种农业生产经验和农业生活经验[①]。农业文化遗产以物质遗产、农业生活方式、农业技术方式等形式承载着乡土社会的知识经验、情感结构与道德意识。同时，农业文化遗产源于悠久的历史传统和长期的实践探索，并传承了系统、协调、循环及再生的思想，蕴含着“天人合一”的生态哲学思想，与现代农业倡导的可持续发展理念一脉相承，具有突出的生态价值、文化价值及社会经济价值[②]。

（十二）针对农业文化遗产保护和非物质文化遗产，《促进法》的规定

1. 要保护农业文化遗产和非物质文化遗产，推动农业文化遗产与现代乡村更好融合

农业文化遗产不仅包括传统农业知识和生产技术，还包括传统农业景观、农业物种、民

① 宋繁：《紫鹊界农业文化遗产地游客体验价值研究》，硕士学位论文，中南林业科技大学工商管理学，2016。

② 闵庆文、孙业红：《农业文化遗产的概念、特点与保护要求》，《资源科学》2009 年第 31 卷第 6 期，914-918。

风民俗和村落等，是产业、自然、知识、文化、景观及非物质文化遗产的综合系统，与现代乡村更好地融合，推进资源要素的整合，有助于乡村振兴的实现。

2. 要挖掘优秀农业文化深厚内涵，弘扬红色文化，传承和发展优秀传统文化

加强对历史文化名镇名村、传统村落和乡村风貌、少数民族特色村寨的保护，让文化迸发出生机，开展监测和评估，采取措施防御和减轻自然灾害对文化遗产的冲击。强化对农村传统文化的应用，促进乡土文化遗产的保护和延续。

（十三）保护农业文化遗产和非物质文化遗产的重要性

保护农业文化遗产对于弘扬中华农业文化，增强大家对民族文化的认同感、自豪感，以及促进农业可持续发展具有重要意义。而且把重要农业文化遗产作为丰富休闲农业的重要历史文化资源和景观资源来开发利用，能够增强产业发展后劲，带动遗产地农民就业增收，可以实现在发掘中保护，在利用中传承。

1. 农业文化遗产是先民农业科学智慧凝聚的结晶，保护农业文化遗产能够将其结晶延续传承

中国传统农业善于通过构建生物链摄食关系或是动、植物相生相克关系来建立农业生态复合系统。例如，稻田养鱼，一方面鱼撞击稻禾，50% 的稻飞虱掉下来被鱼吃掉；另一方面鱼身上分泌的黏滑物质还可以控制水稻的纹枯病，二者在生态复合系统中相互依存。混种枣树、杏树和花椒树的同时，在树下散养家禽，树生害虫既为家禽提供食物，又有效防治了树木的病虫灾害。这些创造性行为与其说是农、牧民长期生活在一种生态环境下的经验与劳动技术创造，不如说是先民们顺应自然、尊重自然，进而发挥主观能动性创造的宝贵历史文化财富。流传至今的农业文化财富如今成为指导乡村农业生产的经验，通过发展生态农业、绿色农业，有效弥补了现代机械和化肥污染生态环境的缺陷。

这种利用生物多样性而非化肥农药实现田间病虫害控制的生态方法是中国传统农业科学技艺与西方现代农业技术最大的区别与优势，其中蕴含的“天人合一”思想，强调农业改造行为要遵循自然演化规律，是农业文化重新焕发活力的哲学根基。农业文化遗产系统包容了丰富的生物多样性，与逐渐形成的带有浓厚人为特征的农业科学智慧相辅相成，这些智慧背后依托的是乡风民俗、村规民约、传统道德的约束为多样性生物保护行为提供心理支持。

同样，生物种类繁荣带来的发展环境改善，有利于形成完善的农业文化遗产复兴氛围和传承激励机制，因此保护农业文化遗产对于传承和发展先民农业科学智慧具有重要意义。

2. 农业文化遗产和非物质文化遗产是乡村文化振兴的源头活水，保护农业文化遗产和非物质文化遗产能有效助力乡村文化振兴

我国是农业大国，农耕文明历史悠久，我国的重要农业文化遗产和非物质文化遗产是见证和传承发展中华优秀农耕文化的重要载体，发掘、认定农业文化遗产和非物质文化遗产是落实党的十九届五中全会提出的推进社会主义文化强国建设的具体举措，是传承优秀传统文化和促进乡村文化振兴的基础性工作。文化与产业、人才、生态、组织振兴之间互相联系，牵一发而动全身。文化价值作为根本统领，容纳着生态保护、社会治理、产业开发、人才建设各方面发展内涵。农业文化遗产和非物质文化遗产本身具有经济、文化、社会、生态等多重功能，与乡村文化振兴之间存在天然耦合关系。

（1）就生态保护而言，农业文化遗产和非物质文化遗产是先民践行“天人合一”，尊重、顺应自然发展规律，发挥主观能动性而创造出的伟大生产理念。厘清乡村生态农业资源的存量及结构、唤醒人们的生态发展意识、鼓励绿色健康的生活生产消费形式和交往方式成为农业文化遗产复兴的首要任务。

（2）就乡村治理而言，除少数农业科学技术自古时便是皇家管理与农民耕种相结合之外，大多数乡村都依靠“皇权不下县，县下皆自治”的乡绅负责制治理村内大小事务。在儒家文化浸润下逐渐形成了差序格局，产生了优良的乡风规约和家风道德约束。

（3）就经济开发而言，农业文化遗产和非物质文化遗产属于乡村文化资本存量的初始形态，随着时间推移会引起服务流量，产生的服务流量可以用于消费，或者用于进一步生产商品与服务。这些商品和服务由于具有更高的水平和价值，就成为下一个时间节点上文化资本的增加后存量。比如建设一批特色农业文化遗产园区既可以维持农业生产功能和第一产业在乡村发展的基础地位，农产品作为最终消费品可以进入市场发生交易行为，又可以利用生态文化景观发展休闲旅游，融合第二、第三产业，创新旅游产品和服务形态，流通文化市场用于新一轮的文化消费，改善农村产业结构的同时，增加乡村文化资本存量。

（十四）《促进法》关于保护农村文化遗产的要求

农村文化遗产包含农业文化遗产和非物质文化遗产，针对这两个类型的文化遗产，《促进法》提出，要保护农业文化遗产和非物质文化遗产，要挖掘优秀农业文化深厚内涵，弘扬红色文化，传承和发展优秀传统文化；要加强对历史文化名镇名村、传统村落和乡村风貌、少数民族特色村寨的保护。应通过开展保护状况监测和评估，采取相应措施来保护文化遗产。这要求在进行农村文化遗产保护时，要做到以下几点：

（1）提高保护意识，对保护和开发对象有清晰的认识，并利用正确的现代管理理念和管理机制引导农业文化遗产的保护和开发。

明确农业文化遗产保护不是就单纯的农作物种质资源和农业生产技艺保护，而是要将其与自然遗产、非物质文化遗产、文化记忆融合。农业文化遗产保护要建立在自然遗产保护的基础上，失去赖以生存的自然生态环境和生物多样性繁衍，农业文化保护犹如唇亡齿寒。此外，还要利用当下高科技手段，以多学科综合视角对农业文化遗产进行“多兵种协同作战”的调查和研究，形成集群式遗产保护体系。

（2）完善农村文化遗产保护机制。农民是传统农业技术的掌握者和农业文化遗产景观的拥有者，理应成为农业文化遗产经济效益的享受者。

农民能够不断从农业文化遗产保护中获得经济、生态和社会效益，这样他们才愿意参与到农业文化遗产的保护工作中，也就是共同努力、多方参与。

完善农业文化遗产产品市场定价机制，有效增加农民农业文化收入，提高农村文化遗产资金保障。

健全农业生产技术保护机制，成立基金会，对传统农业生产技术专利实施补贴奖励，促进农业文化遗产传承与发展。传统农业系统的本土知识技术是农民的宝贵财富，应该得到专利保护，形成农业知识产权，其拥有者还应分享专利补偿[①]。

相关部门应加强农业文化遗产的知识产权开发，加快农业知识产权确权、评估、贷款体系的制定，提高本土农业科学技术的经济收益转化率，多元化获取农业文化遗产保护和开发的资金来源。最后，构建有机农业、生态旅游和生态补偿机制，通过多途径、多措施增加农业文化遗产地的保护资金来源，形成农业文化遗产长期自我维持的机制。

（十五）农村文化产业的含义

农村文化产业是以市场为导向，把农民作为创作与生产主体，把民间传统文化作为产业资源，整合地域性的传统历史文化资源，将其转换为文化商品和文化服务的现代产业形式。其目的是提高经济效益。

同时，农村文化产业在拥有特色文化资源与自然资源的农村地区又表现出资源垄断性、劳动力密集性和环保生态性等特征，集中在手工文化产业、乡村旅游产业、地方土特产产业、园艺产业等行业。目前，手工文化产业处于农村文化产业的主体地位，其他产业正处于萌芽发展时期。农村文化产业是以当代文化价值理念对传统文化的解读，是当代中华民族民间文化的载体与象征，还是对外出口创汇的重要文化产业之一，因此是不同民族、国家文化交流的使者。

（十六）活跃农村文化产业的重要性

目前，农村文化产业既是我国文化产业的重要领域，也是促进农村经济发展的重要组成部分。活跃农村文化产业是产业振兴与文化振兴的桥梁，也是实现乡村振兴的精神支撑。

（1）活跃农村文化产业能带领农民群众增收致富，解决农村就业问题。这是促进农村经济发展，减小城乡差距的重要举措。活跃农村文化还能提高农民素质，塑造新时代农民的精神与价值，并对加强新型经营主体的综合素养具有重大意义。

（2）文化产业同其他产业之间具有较强的产业关联性，可以通过文化产品、旅游消费等形式构成广泛的产业集群。全国以乡村民宿、田园综合体、特色产业小镇为内容的乡村文化产业机构多达 2 万多家，并保持着良好增长势头。

（3）乡村文化产业的发展催生了基础设施互联和互通需求，塑造了乡村和区域文化品牌，反过来促进乡村生态建设和发展，由此推动了乡村相关休闲、娱乐、旅游等产业的发展；也满足了城镇化建设过程中所需要素的需求，如资金、劳动力和土地等；并形成了完善的城镇

① 吴合显、罗康隆：《重要农业文化遗产对乡村产业发展的价值研究》，《中国生态农业学报（中英文）》2020 年 28 卷第 9 期，1305-1313 页。

服务体系，进而为乡村振兴提供支撑。文化产业在乡村振兴和新型城镇化建设中具有不可替代的作用，推动乡村文化产业发展，意义重大。

（4）发展农村文化产业，不仅是文化本身的胜利，也代表着亿万农民在文化精神上的共同认可和对美好生活的向往。以文化力量推动农村经济发展，是实现中国梦的重要内容，还能为中华民族伟大复兴提供的强大精神力量。

（十七）活跃农村文化产业的措施

农村文化产业是实现农村乡村振兴的方法之一，是农村地区合理利用自身文化资源发展农村产业的重要手段，能够有效促进农村地区经济发展，缩小城乡差距。基于此，对于农村文化产业，《促进法》提出：政府应坚持规划引导、典型示范，有计划地建设特色鲜明、优势突出的农业文化展示区、文化产业特色村落，发展乡村特色文化体育产业，推动乡村地区传统工艺振兴，积极推动智慧广电乡村建设，活跃繁荣农村文化市场[①]。从要求中可以看出，文化产业是乡村振兴的关键。

具体来说，在实际中要推进乡村文化产业，要从规划引导、典型示范两个角度出发，充分考虑到各地农村文化产业发展的具体问题，尤其是农村文化资源的存量及开发现状、文化特质的传承凝练及渗透力状况；同时需兼顾当前农村文化市场容量及拓展空间。要致力于促进与乡村文化产业间的要素流通、优势互补及融合式一体化发展。充分考虑我国目前所处的农业产业转型升级和乡村振兴等时代背景，不仅要在“农”字上打好特色牌、发展牌，更需打好农村资源合纵连横牌。

在典型示范方面，首先要以成功案例进一步加强文化引领、形成产业示范带动作用，以文化产业赋能乡村经济社会发展，激发优秀传统乡土文化活力。从典型案例中分析各地成功的特性，寻找发展共性，促进农业文化产业向好发展。

其次，有计划地建设农业文化产业，包括文化产业特色村落，发展乡村特色文化体育产业、智慧广电乡村建设等。充分呈现出村落特色文化产业的文化效应和社会价值，大力发展地方特色体育文化产业，推动智慧广电乡村建设提升乡村广播电视数字化、网络化、智能化水平，巩固和加强乡村宣传舆论主阵地建设。推进智慧广电融入乡村振兴战略，更好服务文化强国、数字中国和网络强国建设，实现智慧广电公共服务优质高效、普惠便捷，利用“村村通”工程，实现“智慧乡村”的产业化。

1. 要合理评估和规划农村文化产业

在资源充分地区，政府应组织针对农村地方文化资源、自然资源进行科学评估与论证，建立农村文化产业资源评估体系，合理规划农村文化产业发展布局。

农村文化产业资源评估体系应包括文化资源品相与品质评估、文化资源价值要素评估、文化资源效用要素评估、文化资源传承能力评估、产业发展的基础条件与外部环境评估等多方面要素。评估人员的构成要做到行业的专业性与部门的广泛性相结合，建议包括农民、手

① 中华人民共和国第十三届全国人民代表大会常务委员会第二十八会议：《中华人民共和国乡村振兴促进法》。

工艺人代表；文化、宣传、旅游、服务、运输等不同行业及相关部门的工作人员代表；与农村文化产业密切相关的经济学、人类学、艺术学、民俗学领域的专家学者代表；政府主管部门代表；部分乡镇干部代表在科学评估的基础上，全面梳理地方产业资源，发挥各地资源优势，确立各地主导产品和支柱产业，确保各地农村文化产业发展布局的合理规划。

2. 打造农村文化产业品牌化

推动农村文化产业的发展，需要特别强调建立品牌意识，以品牌带动并激励农民的创造力。鉴于农村文化产业产品与一般消费性商品的不同特性，建议积极打造区域品牌，即原产地品牌。区域品牌的建设与培育是一个综合的系统战略，同时需要打造产业创新机制、构架大区营销网络、建立立体宣传网络。组建大型手工艺产业集团，是开展品牌推广、进行产业运作的有效途径。政府、行业协会、生产机构形成合力，共同宣传推广原产地品牌是打造区域品牌的根本性措施。

3. 建立专业性合作经济组织

在市场需求的支配下，农村文化产业在发展过程中形成了多样的产业组织形式，为农村文化产业的规模化、产业化作出了重要贡献。打造"经销公司＋中间人＋农户"、前店后作坊、"经销商＋作坊＋工匠人"等多种组织方式，成立农村文化产业合作经济组织，能够提高农民进入市场的组织化程度，改变农民独立面对现代大市场的弱势地位，提高农民的生产竞争能力。只有这样，才能加快农村文化的产业化进程，提高资源的配置效率和产业的经济效益，最终增加农民收入，维护农民的利益。

（十八）推动乡村振兴《促进法》中文化振兴政策的落地实施

为推动《促进法》落实落地，需要加强以下几个方面：

1. 形成部门合力

地方各级文化和旅游、教育、自然资源、农业农村、乡村振兴部门根据本地区实际情况，在当地党委、政府统一领导下，加强部门协同，协调各方力量，统筹各类资源，加大支持力度，扎实推进文化振兴政策的落地实施。

2. 加强党的引领

在农村，坚持党建引领，坚持党对农村工作的领导，发挥基层党组织带头的作用。注重培养农村文化振兴带头人，加强村委班子的思想建设，组织建设和作风建设。从农村的实际需求出发，以党员作为排头兵，带动农民提高自身思想道德素质和文化素质，提高乡村社会的文明程度。坚持社会主义先进文化的前进方向，树立社会主义核心价值观，塑造新时代农民形象，培育文明家风、乡风、民风。

3. 建立有效的发展机制

加强文化发展的增收机制，以资金支持保障文化振兴的顺利推进。建立有效的乡村文化生产经营机制、多种利益联结机制、汇聚各方人才和力量的有效机制，强化以城带乡、城乡互促，吸引文化产业人才、资金、项目、消费下乡，促进资源要素更多向乡村流动，提升乡村经济社会发展水平，让农民更多地分享文化产业增值收益。

第二节　乡村文化振兴之云南政策

一、《关于全面推进乡村振兴加快农业农村现代化的实施意见》（以下简称《实施意见》）文化振兴解读

（一）《实施意见》的出台背景和意义

1. 背景

“十三五”时期，云南省现代农业取得了较大的进展，乡村振兴开局良好，脱贫攻坚如期完成。2020年，现行标准下农村贫困人口全部脱贫、贫困县摘帽出列目标如期实现，全省贫困地区农村居民“两不愁”（不愁吃、不愁穿）目标顺利实现，贫困群众的收入水平得到大幅度提升。截至2020年，云南省文化旅游综合带动80万贫困人口脱贫增收。群众的生产、生活方式也发生巨大转变，群众的思维观念得到显著提升，陈规陋习逐渐被破除，文明新风尚在农村地区得到快速推广，村规民约等得到群众的大力支持和认可。

群众的精神面貌得到明显提升，发展观念得到显著改变，群众的能力素质明显提升，致富能力显著增强。各地区治理能力显著提升，各级干部能力素质明显增强，公共服务水平有效提升。农村社会持续保持稳定和谐，农业农村发展取得历史性成就，为云南省稳定经济发展发挥了“稳定器”的作用。

同时，党的十九届五中全会通过了《中共中央关于制定国民经济和社会发展第十四个五年规划和二〇三五年远景目标的建议》，为新发展阶段优先发展农业农村作了总体部署。在这样的背景下，中共中央　国务院出台了《关于全面推进乡村振兴加快农业农村现代化的意见》这为云南省出台《中共云南省委　云南省人民政府关于全面推进乡村振兴加快农业农村现代化的实施意见》提供了依据，作出了样板。

2. 意义

以习近平同志为核心的党中央始终高度重视“三农”工作，始终坚持把解决好“三农”问题作为全党工作重中之重。新发展阶段，农业农村发展环境发生了巨大变化，机遇与挑战同在。在这种情况下，中共云南省委、省政府贯彻落实中央农村工作会议和中央一号文件精神，制定出台《关于全面推进乡村振兴加快农业农村现代化的实施意见》，这是省委和省政府坚持把解决好“三农”问题作为重中之重不动摇的具体体现，明确了云南省“十四五”时期农业农村发展目标任务、工作重点和2035年远景目标，对全方位推动高质量发展、加快农业农村现代化、推进乡村文化风貌建设、构建美丽特色文化乡村具有十分重要的意义。

“十四五”时期，是乘势而上开启全面建设社会主义现代化国家新征程、向第二个百年奋斗目标进军的第一个五年。我国进入新发展阶段，发展基础更加坚实，发展条件深刻变化。乡村兴则国家兴，全面建设社会主义现代化国家，实现中华民族伟大复兴，最艰巨、最繁重的任务依然在农村，最广泛、最深厚的基础依然在农村。

在向第二个百年奋斗目标迈进的历史关口，在脱贫攻坚目标任务已经完成的形势下，要把握发展重点，推动乡村战略的实施。构建美丽特色乡村、保护传统特色乡村文化作为乡村文化振兴的重点内容，也是农业农村现代化的应有之意。在全面推进乡村振兴加快农业农村现代化的时代下，要加快推进村庄规划工作，大力实施乡村建设行动，实现乡村文化振兴。

（二）《实施意见》中关于文化振兴内容

《实施意见》第四部分提出要大力实施乡村建设行动，其中在加快推进村庄规划中，对于文化振兴提出要加强村庄风貌引导，加强传统村落、民族特色村寨、传统民居和历史文化名村名镇保护，加大农村地区文化遗产遗迹保护力度①，加强乡村公共服务、社会治理等数字化、智能化建设，实施村级综合服务设施提升工程，加强村级客运站点、文化体育、公共照明等服务设施建设。第四部分中文化振兴内容与国家乡村战略规划内容一致，在《规划》中已经具体阐述，这里不再阐释。以下释讲重点以第五部分为主。第五部分内容为：加强新时代农村精神文明建设。第五部分内容中“西畴精神”是云南独有的，以下内容会对“西畴精神”作详细阐述。

（三）新时代推进农村精神文明建设的意义

农村精神文明建设包括思想建设和农村文化建设两方面，是社会主义精神文明的重要内容。中国特色社会主义进入了新时代，农村精神文明建设也进入了新时代②。

1. 推进农村精神文明建设是实施乡村振兴战略的必要路径

乡村振兴，既要塑性，也要铸魂。习近平总书记强调：实施乡村振兴战略要物质文明和精神文明一起抓，特别是提升农民精神风貌。加强农村精神文明建设是推动乡村发展的重点，是促使乡村文化繁荣的重要突破口。中共中央、国务院印发的《关于实施乡村振兴战略的意见》文件中强调，加强新时代农村精神文明建设是一项长期性任务，需要花费大量时间、大量精力来完成。

2. 推进农村精神文明建设是推进农业农村现代化的需要

农业强不强、农业美不美、农村富不富直接决定了农业农村现代化的成效。其中，实现农业农村现代化离不开农民现代化。农民现代化的突出特点是思想道德的现代化。然而，相较于飞速发展的物质而言，农村的精神文明建设滞后严重阻碍了农民现代化的进程，不利于

① 云南省农业农村厅：《准确把握“三农”工作新的历史方位全面推进乡村振兴加快农业农村现代化——〈中共云南省委 云南省人民政府关于全面推进乡村振兴加快农业农村现代化的实施意见〉解读》，《云南农业》2021 年第 7 期，第 2 页。

② 张金强：《新时代推进农村精神文明建设路径探究》，《农村经济与科技》2019 年 30 卷第 10 期，199-201 页。

解决“三农”问题。加快补齐农村精神文明这块短板，能为实现农业农村现代化提供坚实的保障。

3. 新时代推进农村精神文明建设满足农民群众美好生活的需要

随着乡村振兴战略的推进，农民生活发生了翻天覆地的变化。尽快化解农村公共文化产品的供给与需求之间的矛盾，不断加强农村精神文明建设，最终才能实现乡村文化繁荣。最后，是基层社会治理的需要。推进乡村治理现代化要求建立自治、法治、德治“三治”融合的治理体系，其中加强农村精神文明建设是德治的重要途径。加强新时代农村精神文明建设，有利于推动良好家风、淳朴民风、文明乡风的形成，对于推进乡村文化振兴意义重大。

（四）“西畴精神”

“西畴精神”是对20世纪90年代文山壮族苗族自治州西畴县人民创造的以“苦熬不如苦干，等不是办法、干才有希望”核心的精神概述，是对西畴人民奋斗不止、自强不息精神内涵的高度概括。

其内涵为：自强不息的奋斗精神，只争朝夕，不负韶华；苦干实干的务实品质，自强自立，埋头苦干；迎难而上的进取意识，砥砺奋进，久久为功；敢为人先的拼搏精神，锐意进取，主动求变；担当作为的主人翁意识，团结一心，众志成城。

“干”是对“西畴精神”最好的提炼。每一个时代都赋予了“西畴精神”新的内涵。2020年，云南省委办公厅印发的《中共云南关于学习弘扬新时代“西畴精神”的决定》提出，全省各级党组织和党干部群众要学习弘扬“西畴精神”。

（五）大力弘扬“西畴精神”的价值

1. 大力弘扬“西畴精神”，有利于切实把思想和行动凝聚到推动绿色发展上来

西畴县委、县政府为改变恶劣的生存环境，让全县各族人民从生态保护与修复中得到更多实惠，实现脱贫攻坚与生态文明建设双赢，积极巩固、提升享誉全国的山顶戴帽子（恢复植被）、山腰系带子（退耕还林）、山脚搭台子（炸石造地）、平地铺毯子（建高产田）、入户建池子（筑蓄水池）、村庄移位子（整村搬迁）的“六子登科”石漠化治理模式。以“敢治石窝成桑田、敢劈天堑变坦途、敢叫穷乡换新颜、敢将差距当潜力、敢把精神作资源、敢让石漠变绿洲”的坚毅勇气，勇敢向“生态癌症”宣战。大力实施植树造林、退耕还林、封山育林、修建沼气池等工程。到2017年末，森林覆盖率达到53.3%，比1990年增加30个百分点，使西畴从“基本失去人类生存条件”的地方变成了生态绿洲、宜居家园。

2. 大力弘扬“西畴精神”，有利于切实把思想和行动凝聚到实施乡村振兴战略上来

“西畴精神”的突出特征是“敢”字为先、“闯”字支撑、“干”字当头、“实”字托底，敢于走前人没有走过的路，敢于干前人没有干过的事，敢于与时俱进，谋事创业。立足于新时代，党中央确定了实施乡村振兴战略、实现农业农村现代化的路线图、时间表和施工图，必须紧紧围绕这一发展目标和阶段任务聚焦、聚力、聚效，用“西畴精神”教育和激励广大

党员干部群众，深入贯彻落实新发展理念，全力以赴打赢精准脱贫攻坚战，全面夯实乡村振兴基础。

3. 大力弘扬“西畴精神”，有利于切实把思想和行动凝聚到推动基层党组织建设全面过硬上来

“西畴精神”的宝贵经验之一，就是坚持把党的组织领导转化为组织优势和组织力量，充分发挥基层党组织的战斗堡垒作用和党员的先锋模范作用，为决战脱贫攻坚、决胜全面小康树起了可学、可比、可鉴的典型示范。“西畴精神”是加强和改善党的领导的鲜活教材，用“西畴精神”生动事例来阐释党的政治建设、党的组织建设、党的集中统一领导，加强和规范党内政治生活的极端重要性，引导各级党组织和广大党员干部特别是领导干部扛稳、抓牢、做实主体责任，以“坐不住、等不起、慢不得”的紧迫感和危机感，不折不扣落实全面从严治党的各项任务和要求，以高质量党建来保证高质量发展。

（六）弘扬“西畴精神”的措施

1. 坚定践行“绿水青山就是金山银山”理念

保护好云南的蓝天白云、青山绿水，建设全国生态文明排头兵，是习近平总书记考察云南省时对云南的殷殷嘱托。“西畴精神”的丰富内涵和表现形式，其中重要的就有始终坚持以绿色为底色，以绿色谋划推动发展。受地质变化和人类活动的影响，西畴县的生态系统一度遭到严重破坏，“山大石头多、出门就爬坡，只见石头不见土，玉米长在石窝窝，春种一大片，秋收一小箩”的歌谣，就是当时生态状况的真实写照。

近年来，西畴县采取植绿造林、立章护绿、建设沼气池、大力发展特色产业、提高外出务工组织化程度等综合措施，把一个石漠化占辖区面积 75.4%、20 世纪 90 年代森林覆盖率仅 25.2% 的县域建设成为现在森林覆盖率达 53.3% 的宜居、宜游、宜业的喀斯特绿洲，生态系统功能得到了整体性提升。各族群众在保护和修复绿水青山的过程中逐渐收获“金山银山”，普遍增收致富、共同迈向全面小康的梦想正在变为现实。

2. 坚持以人民为中心的发展思想

人民对美好生活的向往，是我们党的奋斗目标。“西畴精神”之所以受到中央及省内外媒体的广泛关注，为广大群众所认同，根本在于西畴县各级党组织的所作所为完全顺应了人民群众的期盼，各族群众在党的路线、方针、政策滋润下的获得感、幸福感、安全感得到前所未有地增强。例如，针对山多路少、群众出行困难的需求，西畴县委发动群众投工投劳大建乡村公路，累计修建公路达 3000 多千米，乡村公路密度超过全省平均 3 倍以上。针对石漠化地区群众吃水困难的实际问题，当地党员干部带领群众自力更生，每户均修建小水窖 2 口以上，并积极推进集中式供水工程建设。

同时，西畴县委、县政府在为民服务过程中，还探索了一些简便易行、群众受益的创新做法。例如，实施“五分钱工程”，收到城乡人居环境改善和部分贫困户稳定增收“双重功效”；成立就业协会，打造劳务经济品牌，让西畴人有尊严地就业挣钱；实行“幸福超市”

积分制，让群众在日常生活中充分感受劳动的光荣感、成就感；创新基层治理，推动“三治”融合，做到发案少、秩序好，社会稳定、群众满意。

3. 加强基层党组织和政权建设

习近平总书记指出：基础不牢，地动山摇。只有把基层党组织和政权巩固好，中国特色社会主义的根基才能稳固。分析“西畴精神”的成长轨迹，特别是分析“西畴精神”在新时代焕发蓬勃伟力的原因，重要的是各级党委始终注重加强基层基础工作、在提高基层治理能力上下功夫。

无论是“肖家塘的路”“岩头村的梦”“刘家塘的洞”“兴街前指的将军”等带有传奇色彩的鲜活故事，还是刘超仁、谢成芬、弁秀才等先进典型的感人事迹，都是坚持党对基层工作的全面领导、坚持“大抓基层”鲜明导向、为基层党组织和政权提供坚强政治和组织保障的集中成果展示。

二、《云南省人民政府关于进一步加强非物质文化遗产保护工作的意见》（以下简称《保护意见》）的解读

（一）《保护意见》出台的背景和意义

1. 背景

为进一步做好云南省非物质文化遗产保护工作，云南省根据《中华人民共和国非物质文化遗产法》《云南省非物质文化遗产保护条例》及其他有关规定，制定出台了《云南省人民政府关于进一步加强非物质文化遗产保护工作的意见》。

非物质文化遗产是中华优秀传统文化的重要组成部分，是中华文明绵延传承的生动见证，是联结民族情感、维系国家统一的重要基础。习近平总书记多次对非物质文化遗产保护作出重要指示批示，强调党中央支持扶持非物质文化遗产，要着力培养好传承人，一代代接下来、传下去，让非物质文化遗产绽放出更加迷人的光彩。

非物质文化遗产传承发展工程是《中华优秀传统文化传承发展工程“十四五”重点项目规划》中提出的重点项目。云南省贯彻落实各项法律法规和有关规定，出台相关非物质文化遗产保护意见，积极履行联合国教科文组织《保护非物质文化遗产公约》，按照“科学保护、提高能力、弘扬价值、发展振兴”的要求，完善非遗保护传承体系，提升非遗保护传承水平，让各民族优秀传统文化展现出独特魅力和时代风采。

2. 意义

云南历史悠久，民族众多，非物质文化遗产丰富多彩。保护好、传承好、利用好非物质文化遗产，对于延续云南省历史文脉、坚定文化自信、推动文化强省和旅游强省建设具有重要意义。

一直以来，云南非遗保护面临诸多挑战，一些项目存续困难，传承后继乏人，保护基础相对薄弱，为此《保护意见》出台，对巩固和壮大非物质文化遗产保护成果，提高保护能力

和水平，开创非物质文化遗产保护传承与经济社会建设相互促进、协调发展的新局面意义重大。

（二）传承与保护云南非物质文化遗产的措施

《保护意见》针对云南省非物质文化遗产保护提出了十点重点任务：

1. 深化非物质文化遗产资源调查

综合运用多学科的调查方法和手段，对各地非物质文化遗产资源的存续状态、生存环境、传承情况和存在问题进行更广泛、深入、系统的调查记录，及时掌握各地非物质文化遗产变动情况，为云南省非物质文化遗产保护提供支撑和决策依据。同时还要积极开展多种形式的调查培训，提高调查人员的工作能力。适时整理调查研究结果并出版。

2. 健全非物质文化遗产保护名录体系

调整和完善各级保护名录的构成，包括类别构成、民族构成和地域构成。努力形成以国家级和省级名录为重点、州市级名录分布合理、县级名录基础良好的“金字塔形”结构。加大监督和检查力度，对因客观环境改变等导致变质、变异或不再呈“活态”特性而消亡的省级非物质文化遗产代表性项目，予以更正或退出名录。

3. 壮大非物质文化遗产传承人队伍

调整非物质文化遗产人才队伍各项结构。实施“非物质文化遗产传承人群研修学习培训计划”，扩大非物质文化遗产传承人群。采取“走出去”“请进来”等方式，提高非物质文化遗产项目代表性传承人的学习能力、文化素养、审美水平和创新意识。提高非物质文化遗产项目传承人的补助标准，鼓励支持“传帮带”。同时，要支持将非物质文化遗产保护纳入国民教育体系，为非物质文化遗产保护培养专业人才。

4. 加快文化生态保护区建设

鼓励各州（市）、县（市、区）人民政府设立民族传统文化生态保护区，将保护区纳入城乡规划中，增强民族传统文化生态保护区与其他特色项目规划的衔接协调。注重重点区域的历史风貌保持和传统文化生态保护，让广大群众“望得见山，看得见水，记得住乡愁”。

5. 实施项目和代表性传承人记录工程

对已列入国家级和省级保护名录的濒危项目和年事较高的代表性传承人进行抢救性记录，借助信息手段，全面系统记录非物质文化遗产项目和代表人的情况，妥善保存文字、图片、音频、视频等记录成果。支持多方参与传承人记录工作。

6. 加强非物质文化遗产数据库建设与信息共享

对接国家非物质文化遗产资源数据库系统，加强统筹协调，建立全省非物质文化遗产资源数据库系统，实现非物质文化遗产资源信息的集成共享。

7. 推进非物质文化遗产资源的合理利用

充分发挥传统音乐、传统舞蹈、传统戏剧曲艺、传统医药、传统体育游戏与杂技类项目在社区、旅游景区（点）等建设中的作用，对具有发展潜力和市场的非遗项目进行生产性保护。支持家庭作坊式保护传承。鼓励进行文化创意创新，发展文化创意产业。

8. 加强非物质文化遗产保护利用设施建设

建设非物质文化遗产保护场所，建立云南省非物质文化遗产博物馆或“活态”展示中心，鼓励各州（市）、县（市、区）建立非物质文化遗产展示馆或展示中心。

9. 提升非物质文化遗产宣传展示展演水平

各公共文化机构要经常性地举办非物质文化遗产实物展览、图片展示、技艺展演、学术讲座等活动，向大众宣传普及非物质文化遗产知识。教育部门要将非物质文化遗产保护作为学生教育的重要内容。其他相关部门要积极向大众普及非物质文化遗产保护知识，营造良好的社会氛围。

10. 加强非物质文化遗产保护管理工作

制定工作规范和标准，规范化管理非物质文化遗产保护和管理工作。完善非物质文化遗产保护名录、推荐评审和代表性传承人认定标准，规范非物质文化遗产项目调查、申报、评审、公布、建档等程序。出台系列制度规定，探索构建非物质文化遗产保护名录和代表性传承人推出机制，强化知识产权保护，开展维权援助。

（三）保障云南省非物质文化遗产传承与保护的措施

（1）落实责任，各个部门各尽其职，相互配合，形成保护工作联动机制。

（2）加大经费投入，省级民族传统文化生态保护区所在地的县级以上政府应当从每年的旅游收入中安排一定比例资金，用于民族传统文化生态保护区的保护和建设。

（3）调动社会力量，有条件的地区要成立非物质文化遗产保护协会，团结、动员广大非物质文化遗产保护工作者和志愿者参与非物质文化遗产保护工作。

（4）加大考核力度，把非物质文化遗产保护工作作为各级领导班子和领导干部考核评价、年度综合考评的重要参考。

（5）加强法治建设，健全和完善非物质文化遗产保护的法律法规体系，不断提高全民保护非物质文化遗产的意识。总的来说，只有政府、企业、社会大众共同参与非物质文化遗产的保护与传承工作，才能真正将保护和传承落到实处，才能传承和保护非物质文化遗产。

（执笔人：谭嘉辉　赵丽　邵小育　张晋豪　谭鑫）

第四讲 现状之讲

第一节 云南乡村文化振兴现状

截至2020年，云南省共有农村人口2359万人，占全省总人口的49.96%。云南省仍是后发展和欠发达地区，发展不平衡不充分问题仍然突出。近年来，云南省委、省政府高度重视乡村文化振兴工作，突出铸魂赋能，推动文化振兴不断取得新成效，主要表现在以下几个方面：

一、“戏曲进乡村”“百团千队”惠民巡演不断开展

云南省从2009年开始推进“戏曲进乡村”活动，最初由省级6个院团下乡演出，之后面向社会公开招标采购演出队伍参与惠民演出，招标采购的24支队伍带动了云南省16个州（市）的文艺院团加入送戏下乡队伍，演出覆盖了云南省16个州（市）129个县（市、区）1368个乡镇，每年惠民演出1万余场[①]，文化受益人群突破1250万人。云南省各级专业艺术院团和各级文化馆（站）及综合文化服务中心、农村专业（业余）文艺队在“百团千队”宣讲巡演惠民活动中，以乌兰牧骑“红色文艺轻骑兵”为榜样，将京剧、滇剧、花灯、话剧、曲艺说唱、民族歌舞、器乐演奏等基层群众通俗易懂、喜闻乐见的艺术形式与党的路线、方针、政策和党的十九大、二十大宏伟蓝图有机融合，在丰富农村居民精神文化生活的同时，把新时代精神送到基层。通过让广大农民群众在家门口“零距离”接触文艺精品，文化资源进一步向基层、农村倾斜，激活了农村文化的内生动力。

二、公共文化设施建设不断加强

按照国家的安排部署，云南省组织实施了两批“贫困地区百县万村综合文化服务中心示

① 张睿莲：《提升云南人民文化权益获得感幸福感》，云南省社会科学院中国（昆明）南亚东南亚研究院官网，访问日期：2020年4月16日。

范工程”（959个）和“贫困地区民族自治县、边境县村综合文化服务中心覆盖工程”（3169个），有效改善了基层农村公共文化基础设施。

在推进农村公共文化基础设施建设中，把工作重点由行政村向人口集中、群众参与度高的自然村延伸，充分整合资源，进一步加强自然村公共文化基础设施建设。涌现出大理白族自治州弥渡县“大喇叭，小广场”建设、开远市“四位一体”“四化建设”推进自然村公共文化建设均等化、标准化、社会化和长效化等典型和经验；楚雄州制定出台了乡镇、村文化设施规范化建设“十有”“九有”标准，在基层综合性文化服务中心建设中，积极探索“三个整合”，推进自然村“七个场所”建设；德宏傣族景颇族自治州陇川县实现全县772个村民小组文化活动室全覆盖；保山市隆阳区实现自然村文化活动室全覆盖。公共文化设施建设为农民群众学习充电、阅读休闲提供了好去处，并成为老百姓获取知识信息、提升文化素质和思想境界的精神家园，成为培育文明和谐乡风、破除农村陈规陋习的重要文化阵地。

三、基本公共文化服务不断普及

云南省通过国家公共文化服务体系示范区项目提高公共文化服务效能，发挥了明显的带动作用。保山市、楚雄彝族自治州、曲靖市先后创建第一、第二、第三批国家公共文化服务体系示范区，把农村留守妇女儿童、生活困难群众作为公共文化服务的重点对象，开展公益性文化艺术培训服务和展演活动，充分发挥基层综合性文化服务中心的功能作用①。

曲靖市通过文化带动，形成农村文化大户群，打造“乡贤书院”。以社会主义核心价值观为引领，深度挖掘农村传统文化资源，打造农村群众接受新时期中国特色社会主义文化熏陶、接受“乡贤”精神洗礼、传承传统优秀文化和传统民俗技艺的乡村文化振兴主阵地。

其中，保山市公共文化设施网络由四级向五级延伸，建成一批既体现乡土文化特色，又发挥爱国爱乡教育作用的文化大院。

楚雄彝族自治州“农民素质教育网络培训学校建设”、昭通市“送文化百千万工程”和“西部贫困地区精神文化家园建设”等国家公共文化服务体系示范项目，以及昆明市“公共文化服务包”、保山市隆阳区芒宽镇“整合资源、综合利用”、昭通市大关县“背篓图书馆”、泸西县“错时服务、提升效能”等经验。贴近基层、贴近群众、贴近生活，将公共文化服务送到田间地头，打通了基层公共文化服务的“最后一公里”，实现了公共文化服务与农村群众的“零距离”，有效保障了基层特别是偏远山区群众的基本文化权益。

四、公共数字文化建设不断加强

云南省通过公共数字文化服务提档升级工程，为贫困县的贫困乡镇数字文化驿站配发设施设备，重点实施文化信息资源共享工程、数字图书馆推广工程和公共电子阅览室建设计划

① 姜力榕：《浅论现代文化馆的社会功能与文化价值》，知网空间，访问日期：2020年5月14日。

三大公共数字文化惠民工程。建成文化信息资源共享工程省分中心、州（市）支中心、县（市、区）级支中心、乡（镇）服务点暨农文网培学校、村级服务点暨农文网培分校。文化信息资源共享工程，省、州（市）、县（市、区）、乡镇（街道）级覆盖率达100%，村级覆盖率达95%。云南省各地农文网培学校累计开展各类培训达2万多次，培训农民200多万人次。通过实施中国文化网络电视工程，实现了以点带面、加快推进公共数字文化服务群众提质进程。其中，玉溪、大理、丽江、迪庆、文山、普洱、西双版纳、红河、曲靖、昭通建成了州（市）、县（市、区）、乡（镇）三级中国文化网络电视服务点919个。红河哈尼族自治州泸西县以“中国文化网络电视”为依托，采取“农文网培学校＋合作社＋农户”运行模式，联合农科、畜牧、劳动保障等相关部门，开展“农民素质提升工程”教育培训，为乡村文化振兴、建设美丽家园探索出一条可供借鉴、推广的成功经验。

五、 基层文化队伍不断建设壮大

云南省不断加大基层农村文化干部学习培训力度，对全省88个贫困县1001个乡镇文化站站长进行轮训，受到了文化部的高度评价；组织开展“三区”人才培训，培养基层文化工作者；与云南省残联合作，选聘农村贫困残疾人担任农家书屋管理员，基本建立了一支农家书屋管理员队伍；县级以上公共文化服务机构从业人员每年参加脱产培训时间达15天以上，公共文化服务从业人员的整体素质得到有效提升。同时，按照“公共文化大家办”的思路，保山市成立市、县、乡、村群众演艺协会体系，组建了市级专家服务团文化分团，含公共文化、文博、非遗、文化产业、广电五大类专家，在业务指导、项目合作、培养人才、决策咨询等方面发挥着重要作用，并不断壮大社会文化队伍，为农村文化繁荣提供有力的人才支撑。

六、文化志愿服务项目不断发展

云南省组织开展“春雨工程”“文化志愿者边疆行”“阳光工程”——中西部农村文化志愿服务行动计划，动员各地广泛开展基层文化志愿服务活动，以重点需求项目为引领，推动文化资源向贫困地区倾斜，组织文化志愿者经常性深入农村开展文化志愿服务活动。其中，保山市通过政策性引导、规范化管理，文化志愿活动迅速扩大、蓬勃发展，目前已有正式在册的文化志愿者1109名，“阳光工程”文化志愿活动受到上级肯定。宣威市共有市、乡、村三级文化志愿者近6000名，业余文艺队伍近千支2万余人，28个乡（镇、街道）都有一支相对稳定的志愿者队伍和文艺团队，356个行政村（居）委会都有自己的文艺团队，半数以上有志愿者队伍。文化志愿者成为农村文化扶贫的宣传队、流动服务的轻骑兵、辅导培训的主力军，成为公共文化服务的重要力量，有效弥补了体制内文化人才资源的不足，有力地推动了农村文化的繁荣发展。

七、“非遗扶贫”工作不断加强

云南省多措并举加强非物质文化遗产保护推广，助力乡村文化振兴。在全国首创云南民族传统文化生态保护区进行整体性保护的同时，对群众基础好且有市场前景的传统技艺类非遗项目，实行生产性保护和产业化发展。共命名和创建云南省非物质文化遗产保护传承基地28个，4家传承人（企业）被列入国家非遗生产性保护示范基地，建水紫陶文化创意产业园区获国家文化产业园区创建资格；通过民族节日、文化遗产日、会展、对外文化交流等活动，组织优秀民族传统文化项目和传承人参加展览、展演和展销；围绕民族传统文化举办展演、会演比赛，营造弘扬传承农村优秀传统文化的社会氛围，推动农村优秀传统文化保护由政府主导主办逐步向政府主导社会参与转变；通过实施“文化惠民”示范村建设工程、“文化农庄”建设试点，鼓励、支持优秀传统文化保护利用和传承发展成效明显的企业、单位发挥文化产业发展的示范引领作用，一大批以传统文化资源为依托的非遗传承人企业或农村家庭式作坊脱颖而出、发展壮大。

八、“移风易俗”活动不断深化

“移风易俗”活动是乡村文化振兴中加强新时代农村精神文明建设中的重要一环。针对农村婚丧宴请大操大办的问题，云南省纪委、监察委下发《关于规范农村操办婚丧喜庆事宜的通知》，明确规定了宴请的操办标准：婚事双方宴请总人数控制在200人（20桌）以内，宴请每桌菜品不超过12个，其中荤菜不超过总数的一半，每桌费用控制在200元以内。此外，明确随礼上限，参加宴请赠送礼金或礼品价值不超过100元。在婚丧宴请的执行层面，各村还依据自身情况成立红白喜事委员会，根据各村实际情况，从简举行红白喜事。

云南省还在全省范围内推行村庄和个人红黑榜的评定。村庄红黑榜的评定围绕农村生活垃圾清理、生活污水治理、畜禽粪污清理、村容村貌提升、长效管护机制建立完善5个方面，以自然村为单位开展评价并逐项赋分，定期组织对辖区内自然村开展评价和通报公示，并对评价中发现的问题及时督促相关村组整改。对“红榜”村庄给予奖励和表扬，对“黑榜”村庄要求限期进行整改，并将上榜情况与年终考核相挂钩，不断激发群众关心、支持、参与村庄清洁行动的内生动力。

个人红黑榜则围绕家庭家风是否和睦、是否拥有并遵守家风家训、是否积极参加村集体的活动为评判标准。此外，云南省还在全省范围内推行“十星级文明户”的评选，并根据实际情况对评选上的家庭给予相应的奖补。

第二节 云南乡村文化振兴困境

云南省通过文化扶贫在推动文化振兴方面产生了积极作用，然而推进乡村文化振兴还存在阻碍，云南省农村文化扶贫与推动农村文化繁荣兴盛的要求与人民群众对美好生活的需要、与实施乡村振兴战略的要求还不适应。农村大量人口外流，“空心化”背景下，农村优秀传统文化保护传承的文化生态环境和生存空间随之变迁，不少地方对农村优秀传统文化保护传承的紧迫性、长期性缺乏正确认识，甚至为了迎合市场需求，歪曲传统文化的真实功能和特殊价值，客观上造成对传统文化的建设性破坏。目前，云南农村文化扶贫工作仍存在以下主要难点：

一、投入保障难

（一）投入不足

受地缘、经济等多种因素制约，乡村文化基础设施的历史欠账较多。尽管近几年各级党委政府投入大量人力、物力、财力改善农村文化基础设施条件，但由于范围较广难以实现全覆盖，很多地方没有村组文化活动场所，农村很多地方群众开展活动基本是以“院坝会、坡坡会、田间会”的方式进行，文化基础设施仍然极为薄弱①。

根据《关于加快构建现代公共文化服务体系的实施意见》《“十三五”时期云南贫困地区公共文化服务体系建设实施方案》的要求，云南省中88个贫困县需新建县（市）图书馆9个、文化馆12个，改扩建县（市）图书馆2个、文化馆8个，需新建乡镇综合文化站47个，改扩建乡镇综合文化站140个；3539个深度贫困村中还需要建设村综合文化服务中心639个，补短板、填空白的任务艰巨，但云南省人均文化事业费低于全国17.74%，排名仅为全国第22位。同时，中共中央办公厅《关于加快构建现代公共文化服务体系的意见》要求村（社区）公共服务中心设有由政府购买的公益文化岗位。据初步统计，云南省共有政府购买的公益文化岗位3277人，仅占全省已建12863个村（社区）综合文化服务中心的25.5%②，有10个州（市）还是空白，与文件中的要求仍有较大差距。乡镇财政支出投入农村文化基础设施建

① 毕晓红、杨欢、杨琴、毕东：《民族地区乡村文化振兴面临的困难与对策探析——以云南省为例》，《云南农业大学学报（社会科学）》2019年13卷第6期，55-60页，第66页。

② 霍强、王丽华：《新时代贫困地区公共文化服务体系建设的现状与对策——以云南省为例》，《生产力研究》2019年第1期，104-109页，第118页。

设的资金有限，一些已通过评估达到标准的新建基层文化站还缺乏相应的配套设施，不少乡（镇）不同程度上存在着文化场馆设施陈旧简陋，房屋年久失修、资金挪作他用等情况。在一些偏远山区，收看电视是家庭主要甚至是唯一文化生活的现状仍未得到根本改观，甚至还有部分群众至今仍无法收听广播和收看电视。因资金投入不足导致的农村文化基础设施薄弱的现状与群众日益增长的物质文化需求形成了巨大反差。

（二）保障较难

（1）乡村文化建设硬件均以政府投入为主，供给渠道较为单一，地方财政投入不足，难以保障文化公共服务建设。个别文化建设项目由于资金保障不足，导致“胎死腹中”或成为“烂尾工程”，部分项目建设陷入“尴尬”，形成了干也得干，不干也得干，干不好一票否决，干好了也是一身欠债的现象。长期的投入不足，导致基层政府拖欠民工工资也成为常态，农民基本生活得不到保障，基层政府也面临声望被丢、信誉被毁的危险。

（2）“戏曲进乡村”在剧种剧目生产、管理机制建立、人才队伍培养、巡演经费保障等方面没有形成工作合力。各州（市）经济发展不平衡，部分州（市）受限于地方经济发展滞后及财政收支薄弱，在政府购买演出等公共文化服务方面，资金缺口普遍较大，预算前瞻性和可操作性不强。社会承接主体整体发育程度低、提供服务的承接能力也不足，提供演出服务的能力和水平不足，与政府采用面向社会公开招标采购演出队伍参与演出的需求不适应。

（三）管理较差

云南省农村文化扶贫在软件建设能力上，尤其是管理能力上存在不足，还存在短板突出、空白不少、弱项明显、效能不高等问题。各州（市）之间因财力、交通、开放程度、群众思想观念等方面存在差异，农村基层文化阵地管理存在区域间、群体间不均衡现象。对贫困地区、民族地区、边境地区群众及外来务工、农村留守等特殊人群的工作存在服务盲点[①]。现有的公共文体场所和设施缺乏统一规划，重复投入。公共文化服务多头管理、资源难以有效整合。目前，乡镇综合文化服务中心实行双重管理模式，造成乡镇文化工作“双管难管”的尴尬局面。基层文化队伍不专干、不专业、不稳定、流动性大、积极性不高。很多地方制度出现“上得了墙”但“落不了地”的现象，执行不力的情况普遍存在。

乡村先后都实施建设了小则几千元，大则几十万元的农家书屋、党员活动室、老年之家等农村文化活动场所，但长期处于“窗烂没人修，书乱没人理，屋脏没人扫”的尴尬境地；少数村组活动场所出现“头年红旗飘飘、二年杂草丛生、三年风雨并进”等状况；个别活动场所还成了就近一些“村霸”的“晒谷场、养鸡地、放牧区”，造成了大量文化惠民工程的浪费。

① 余应木：《对云南省农村公共文化服务体系建设的思考》，《民族音乐》2016 年第 3 期，31-32 页。

二、人才培养难

（一）文化管理队伍老化

脱贫攻坚时期，农村基层急难险重的工作任务比较多，年富力强的干部都被派去做抓扶贫、抓产业等工作，来做文化工作的年轻人屈指可数。大多数乡村文化站工作人员都是由接近退休、或退休后返聘的老同志负责，工作任务就仅仅是“看门”或“值班”而已。

（二）基层文化队伍建设不足

根据《关于加快构建现代公共文化服务体系的实施意见》的要求，在村（社区）综合文化服务中心设有由县级政府购买的公益文化岗位不少于1个。据初步统计，云南省共有政府购买的公益文化岗位3277个，仅占云南省已建12863个村（社区）综合文化服务中心的25.5%。除昆明、曲靖、楚雄、玉溪地区落实较好外，其他10个州（市）还是空白，离文件要求仍有较大差距。

云南农村基层文化工作队伍不稳，缺乏有力的组织领导，乡镇文化干部多为兼职人员。随着年龄和知识结构日益老化，加之缺乏必要的业务指导和培训，难以适应农村文化扶贫新形势和新任务的要求。

农村文艺创作和表演人才及非物质文化遗产的传承人“后继无人”，流失严重。农村文化市场管理人才缺乏，有些地理位置偏远的山区乡镇，农民很难享受到健康的精神食粮。一些民营和个体经营者为追求经济效益最大化，收费高、内容良莠不齐的文化项目因监管不严，很可能抢占农民娱乐消费的主阵地。

三、陋习根除难

（一）浪费较大

随着经济发展，陋习未改，在一些地方尤为突出，如在婚丧嫁娶活动中大操大办、攀比炫富，往往是办多吃少，浪费极大。同时，烟花爆竹的燃放不仅严重污染环境，更造成了极大的资金浪费。

（二）习俗较差

人情债多、礼金支出大，仍是当下乡风文明的一大绊脚石。过去带一捆柴、提一篮蛋去葬老或祝生，互助互帮的良好乡风、民风一去不复返。当下现象是礼金越送越大，感情越来越淡，人心越来越散。

（三）革新较难

乡风文明建设任重道远，农民的整体素质有待提高，农民的道德意识、价值取向、文化认同趋于多样化，少数农民参与精神文明建设的积极性不高。一些不健康、不科学、不文明现象还不同程度地存在着，农村“四风”遏制不住，婚丧嫁娶大操大办、“薄养厚葬”现象还较为突出，革新较为困难。

四、 传承保护难

云南省非物质文化遗产保护项目不够充实、完善，对村规民约、道德规范、荣辱观念、审美取向、生态观念等优秀传统文化资源还存在关注不够、挖掘整理不足的情况。大量应纳入保护的农村优秀传统文化事项尚未被公布为保护项目，与云南省农村优秀传统文化资源的丰富性和多样性不匹配。

同时，非物质文化遗产保护项目分布不尽合理，民间文学、传统音乐、传统舞蹈、传统技艺、民俗类非物质文化遗产项目较多，戏剧曲艺、传统美术、传统体育、游艺与杂技类项目数量偏少。地域上呈现滇西、滇中和滇南地区分布较多，滇东、滇北地区分布较少的情形。

非物质文化遗产代表性传承人结构失衡，年龄普遍偏大，民族传统文化保护的机构和队伍建设不能满足实际工作需要。

经费投入与实际需要差距较大，大部分地方没有将非物质文化遗产保护日常工作经费列入财政预算。

非物质文化遗产保护利用与群众的文化需求差距大，围绕农村优秀传统文化或非物质文化遗产项目的文创产品开发步伐缓慢，文旅融合深度不够，制约了非物质文化遗产在文化扶贫方面作用的发挥。

五、 文化带动难

（一）文化富民难

基层干部就文化谈文化、就文化抓文化的现象普遍存在，没有将文化与旅游、农业、科技等其他领域有机融合，文化与经济发展“两张皮”，文化产业化水平低，文化优势没能转变为经济优势，文化资源没有得到很好的开发与利用，文化融合机制不尽完善，带动村民实现增收致富有一定困难。

（二）文化育民难

一些群众把物质生活的好坏作为衡量自己致富的标准，主观上制约了文化育民；一些领导在发展观念上重经济、轻文化，忽视了文化育民工作的重要性；送戏下乡、送电影下乡等活动很难保持常态化，优秀传统文化的市场还没有“黄、赌、毒”等低俗文化和外来文化的市场大，群众文化素养提升难度大。

同时，农村文体演艺活动缺乏资金支撑，农家书屋作为文化育民的主要场所，在实际运用中的使用管理效果不佳。农家书屋多数建在村委会，特别是一些新建的村委会，远离群众集中居住区，场所选址不够合理，没有考虑方便群众借阅[①]，基本是摆设，影响文化育民。加之出版物统一采购与农民个性化需求之间存在矛盾，图书配置雷同，千村一面，同质化严重，复本量过大，书报结构不够合理。重建轻管，虽然实现了村委会全覆盖，但缺乏专职专业人员管理，不能保证对外开放时间，图书借阅、使用率低，浓厚的阅读氛围尚未形成。

（三）文化乐民难

（1）文化作品质量难以满足群众需求。随着电视、网络在农村的普及，广大农村群众对文化作品质量的要求越来越高，农村群众渴望看到更加“走心”、更加优秀的文化作品。

（2）文化作品在“接地气”方面难以满足群众需求。一些看似“高大上”的文化作品，群众在电视、网络上见得多了，往往更加渴望植根于农村、喜闻乐见、老少皆宜的文化作品。

（3）文化活动主体的积极性没有得到发挥。基层群众才是文化活动的主体，他们最明白自己需要什么样的文化活动和产品服务，大包大揽的建设方式忽略了主体积极性的发挥，不能起到文化乐民的效果。

（执笔人：谭嘉辉　赵丽　谭鑫）

① 郭如梅：《对云南省农家书屋“建、管、用”的思考》，《农村实用技术》2018年第5期，8-10页。

第五讲　路径之讲

第一节　弘扬社会主义核心价值观，开展乡风文明建设

乡风文明建设旨在通过提倡新的生产生活方式开展精神文明创建活动，引导农民自觉摒弃乡村陈规陋习，摆正观念，消除传统与现代、城市与乡村对立的错误观念，全面提升农民精神风貌。在乡村形成崇尚科学文明，不盲目追捧城市文化的健康新风尚。

挤进文化建设以及乡风文明建设，就是要引导广大村民树立正确的思想认识，找准政治立场，达成价值共识。

（1）要发挥社会主义核心价值观对广大村民的思想引领作用，开展农村思想道德教育。这是最为根本的。党的二十大提出，要广泛践行社会主义核心价值观，弘扬以伟大建党精神为源头的中国共产党人精神谱系，深入开展社会主义核心价值观宣传教育，深化爱国主义、集体主义、社会主义教育，着力培养担当民族复兴大任的时代新人。具体而言，应结合乡村生活实际和乡村思想实际，科学设计“接地气”的教育载体，运用多种媒体、不同类型的文艺作品及各种各样的文化活动，精心优化培育途径，弘扬社会主义核心价值观。

（2）要发扬传统乡村文化对村民精神风貌的重塑作用。大力倡导和弘扬美德新风，突显乡村文化的淳朴、敦厚之美；联系乡村文化建设实际，结合新时代发展特征，汲取传统乡村文化精华，树立乡村社会新风；积极开展“帮助社区孤寡老人”“走进贫困家庭”“帮助留守儿童”等活动，重塑乡风文明，引领乡村文化新风尚。

（3）加强乡村优秀传统文化融入乡村教育。乡村文化的振兴，不能单单停留在保护乡村优秀传统文化的层面上，还要提高乡村居民对乡村文化的认识与认可。这就需要对乡村居民开展“全阶段、全领域、全环境”的乡村优秀传统文化教育，将乡村优秀传统文化传播给村民。

要将乡村优秀传统文化的主体内容和主要思想注入乡村各个阶段的教育中，通过编写乡土教材、开展传统民俗活动、设置民间技艺学习的兴趣扩展班等方式，使乡村优秀传统文化成为乡村教育内容的一部分，让乡村居民在接受教育的过程中记住“乡愁”。

（4）发挥“乡贤文化”榜样示范作用。乡贤文化是乡村传统文化的重要组成部分[①]。乡贤古来有之，其往往是乡村中品德才学都受人尊敬推崇的人，甚至是乡村事务的决断者和调解者，更是乡约民风的实践者和教化者，在乡村治理与发展的历史上有着重要作用。新时代，乡贤文化在新农村建设和治理中依旧可以发挥榜样和示范的作用，是一种优秀的教育资源。开展学习乡贤活动，传承“见贤思齐、崇德向善”的乡贤文化；通过评选表彰、学习“新乡贤”，引导乡村居民崇贤尚德、向身边的模范学习，同时也给新乡贤带来更多自豪感和归属感。

（5）加大乡村公共基础设施的投入，改善人居环境。根据不同村庄的固有特点与优势，与社会主义核心价值观相融合，合理布局村庄生产生活空间，分类推进村庄有序健康发展。不仅从外观上改善乡村人居环境，而且从思想文化上提倡现代绿色生产生活方式，提升乡风文明。

第二节 大力推进乡村产业振兴，夯实乡村文化振兴基础

乡村经济的发展是乡村文化建设的物质基础和保障，可以为乡村的文化基础设施建设提供经济支撑。因此，乡村文化振兴的推进，离不开乡村产业经济的振兴和发展。当前，云南省乡村集体经济发展滞后，劳动力人口大量外流，村民的收入状况不容乐观，且明显落后于城市，成为影响文化振兴的关键性因素。要想振兴乡村文化，就必须加快乡村经济发展，唯其如此，才能为乡村文化振兴提供坚实的物质基础，留住人才；只有把振兴乡村产业、发展乡村经济放在首位，才能为实现产业兴旺和生活富裕打下基础，使广大村民将更多的精力和积极性投入乡村文化建设的实践中，追求精神文化上的满足，才能使乡村文化振兴获得坚实的物质基础并得以持续深入推进。

① 王新刚、张蒙帅：《乡村振兴战略背景下中原乡贤文化的传承发展探究》，《河南理工大学学报（社会科学版）》2019 年 20 卷第 4 期，1-5 页。

（1）打造绿色产业，推动农村的产业发展。根据本地资源优势建立特色产业，深化农业供给侧结构性改革，深入推动传统农业的转型升级，以增进农业经济效益，提升广大村民的收入。

（2）整合文化资源，实现乡村文化资源的创意转化。

①建立乡村文化资源管理体系。充分发挥乡村各类物质与非物质资源富集的独特优势，建构乡村优秀文化资源数据库，科学整合、开发利用乡村当地的优秀文化资源，促进文化生产要素的高效转化。

②提升乡村文化资源的创意转化水平。改良创新传统工艺模式，将地域特色、民族特色的文化元素充分融入文创产品，以高文化附加值、高质量、强原创设计的优良品质打造符合大众文化需求和消费期待值的文创产品，使乡村文化创意产品更加特色化、更有表现力，更易被大众接受与喜爱，让悠久的乡村文化和传统技艺重新进入大众视野，与时代发展接轨。打造乡村文化产品品牌，形成多元的文化创意产品体系，传承乡村文化，提升乡村文化的经济价值。

（3）推动乡村文化产业升级。党的二十大提出，要繁荣发展文化事业和文化产业，坚持以人民为中心的创作导向，推出更多增强人民精神力量的优秀作品，健全现代公共文化服务体系，实施重大文化产业项目带动战略。

①加强乡村文化产品供给侧结构性改革。在乡村文化产业建设发展进程中，发展模式单一、产品雷同、缺少特色等问题逐渐成为制约乡村文化产业发展的瓶颈。因此，需要对乡村文化产品进行科学规划、精准设计、合理整合，将同质性较强的产品进行“并”“转”调整。充分利用现代科学技术，特别是互联网信息技术，再现传统乡村文化，增强现代乡村文化产品的科技感和时代感，结合不同地域的自然风光和迥异的习俗民风，凸显“十里不同风，百里不同俗”的区域性特征，为多元化的市场提供各类特色乡村文化产品。通过各类资金和技术的注入，促进乡村文化产业由传统的劳动力密集型向资本密集型和技术密集型转化。

②促进乡村文化市场优化升级。在简单商品经济条件下自发形成的简约的乡村文化市场，已经无法完全满足现代市场的多样化需求。因此，要努力创造条件，推进乡村文化市场优化升级。将原先单一的传统手工艺制品、民宿、民俗表演等向文创设计、数字旅游等方面升级，逐步完善乡村文化市场体系。

③推进乡村文化产业三产融合。加强乡村一二三产业的深度融合，明确“三产”融合的清晰路径和战略实施的抓手，努力将现代制造业和现代服务业引入乡村文化产业体系。联合开发创意产业、文化研学、生态旅游、实践基地等，弥补乡村文化产业发展滞后、要素市场配置不合理等缺陷，提高乡村文化的增值价值，延伸乡村文化产业链。

（4）为乡村文化产业的发展提供政策支持。这要求以政府为主导，建立健全相关政策，加大对乡村文化产业的扶持力度，尤其是为文化产业发展拓展融资渠道，最大限度地吸引广大社会资金，为乡村文化产业的发展提供强劲动力。

（5）要对引进产业进行筛选。在生态文明建设的目标下，高污染、高能耗的产业虽然可能短期内带来经济增长，但是不利于乡土生态的长期发展。因此，在积极引进外来产业的过程中，应该优先选择生态友好型文化产业，保护好乡土社会的绿水青山就是保护未来的金山银山。

第三节 发挥基层政府的主导作用，完善文化服务体系

乡村文化振兴离不开基层政府的引导、支持。基层政府提供的公共文化服务是乡村文化的传承和繁荣发展的基础。其中，乡村公共文化的保障和供给体系是基层政府主要且是必须予以重视的。究其原因，乡村公共文化既是振兴乡村文化的重要载体，也是保障广大村民基本文化权益的基本途径，乡村文化的传承与发展离不开乡村公共文化事业的繁荣发展，只有乡村文化的保障和供给体系得以完善，乡村文化才能真正从根源上振兴。当前，云南省在农村公共文化服务上存在基础设施建设滞后、群众公共文化服务供给不足、保障体系和供给体系不完善、人才队伍体系不健全等问题，这些问题都制约着乡村文化发展和乡民素质提升。对此，应发挥基层政府在统筹农村文化事业发展中的主导作用，完善农村公共服务体系建设。

1. 发挥基层政府在农村公共服务资金方面的作用

完善农村公共服务资金体系，优化公共服务财政机构，加大财政投入，加大乡村地区资金倾斜力度，推进公共服务城乡一体化发展，缩小城乡差距，有针对性地将政府财政资金投入到农村地区基础性的公共文化建设和服务中。

2. 发挥基层政府在公共文化服务供给方面的作用

健全公共文化服务供给体系，以因地制宜为基本原则，加大公共文化服务的供给。在文化产品的供给中，应充分利用乡村文化的底蕴，充分发挥本土的特色人文优势，提高效益。具体而言，可以充分利用当地的特色文化资源，并以发展现状为依据，开展农村文化服务体系建设，逐步建立起健全的农村公共文化服务供给制度，这要求形成以政府为主导、以村民为主体、社会广泛参与的多元格局。例如，可以开展多种多样的农村文化实践活动，包括书法、绘画和摄影展览活动、中老年才艺展示大赛、民族文化节等，以满足村民多层次的、多样化的文化需求。

在加大公共文化产品的供给的同时，还需要建立健全群众文化需求反馈机制。及时准确搜集群众文化需求，制定公共文化服务目录，开展菜单式、订单式服务，把群众的“需”与政府的“送”匹配起来[①]。考虑不同地区、不同民族、不同村户、不同性别、不同代际关系的文化需求，针对不同地区文化发展面临的不同问题采取不同的针对措施。

同时，建立文化服务供给反馈评价机制，以群众满意度测评为核心指标；建立对公共文化服务的数量、质量进行全方位评估的工作机制；建立科学可行的群众满意度调查指标，定期开展满意度问卷调查，不断提高公共文化服务效能和水平。

3. 发挥基层政府在人才队伍建设方面的作用

人才队伍建设是公共文化服务的必然要求。强化人才队伍体系建设，具体而言，就是要从挖掘乡村文化人才和培养乡民的主体意识两方面入手。

（1）完善人才识别培养机制，挖掘乡村文化人才。人才是实现乡村文化振兴的关键要素，挖掘乡村文化人才不仅要关注人才的培养、引进，还要健全人才的发展机制，创设发展人才、留住人才的环境。要善于发现人才并培养人才，无论是乡村基层干部还是乡村艺人，都是潜在的乡村文化人才。

在文化振兴的过程中，要加强对基层干部的公共文化服务管理、培训工作，健全公共文化服务人才识别机制，发现人才，同时完善人才培养机制，培养一批乡村文化人才，为之后的文化振兴工作奠基。此外，还要重视乡村艺人、非遗传承人等乡村本土人才的挖掘工作，深入挖掘本土人才，组织本土人才技能培训，并为其提供一定的资金扶持，进而推进乡村本土文化的传承。同时，还要健全乡村文化人才发展机制，如人才培养机制、人才引进机制、人才管理系统等，完善的发展机制对人才更具吸引力，能让从事文化研究的优秀人才流向乡村，推进乡村文化人才的良性互动。

（2）激活乡民主体意识和内生动力。振兴乡村文化需要大众共同参与，只依靠少部分乡村文化人才并不能从根本上实现乡村文化的存续、振兴。因此，另一重要任务是激活乡村主体（即乡民）的主体意识和内生动力，只有扎根群众，才能让乡村文化振兴获得不竭动力。

具体来说，要制定相应的政策措施，有针对性地提升乡民的文化自信和文化自觉，使其认清自己在乡村振兴中的位置与作用，意识到乡村文化的价值和重要性，激发其乡土意识。引导乡民自觉承担主体责任，营造睦邻友好、和谐温暖的民风和乡风，使其主动参与乡村文化的建设和传承活动，凝聚个人力量，发挥群众智慧，共同推进乡村文化振兴。

---

① 朱亚飞：《现代公共文化服务体系下的文化馆站建设》，《文艺生活（中旬刊）》2017 年第 1 期，200-201 页。

第四节 健全乡村文化相关机制，发挥村民的主体作用

（一）健全保障机制，发挥村民在传承和发展乡村文化中的主体作用

乡村文化振兴不仅要发挥基层政府的主导作用，更要尊重村民主体地位，让村民“热起来”，形成全社会关心、支持和积极参与乡村文化振兴的浓厚氛围。这就需要充分尊重村民意愿，以法律法规、政策制度等方式明确村民在乡村文化振兴中的主体地位，打造以村民和村民组织为主、政府部门为辅的乡村文化建设机制，最大限度地调动亿万村民参与乡村文化振兴的积极性、主动性、创造性，不断提升农民的文化参与感、获得感、幸福感。

（二）创新乡村文化传承发展机制

1. 坚持“双创”原则

要加大传统文化的创造性转化和创新性发展，不断丰富优秀传统文化、红色文化、革命文化的思想观念和人文精神，有效转化创新中国传统的“知行观”“义利观”“和合观”。

2. 挖掘并整合、优化传统乡村文化资源

完善乡村文化资源保护发展相关机制，充分挖掘乡村遗址、遗迹、文物、文献资料、非物质文化遗产、口述乡村历史文化等文化资源，有效进行开发利用，带动乡村旅游并促进乡村经济发展，培育新时代乡村文化精神，增强乡村文化凝聚力。注重乡村非物质文化遗产，如剪纸、农民版画、秧歌等的传承与“活化”，在政策和资金上予以支持，赋予其新的时代内涵，使之成为乡村文化振兴的重要引擎。同时，探索建立乡镇级的非遗保护名录，在传统文化资源较为集中的乡镇，遴选优秀传统文化项目，依据其价值逐级申报为四级非遗保护项目。对已认定为代表性传承人的，在经费、待遇上给予支持，探索传承人双向培养机制。对短期难见经济效益的类别项目，实行分类保护，差异化支持。运用数字化、多媒体现代信息手段，打造非物质文化遗产“互联网 +”，实现与乡村振兴、美丽乡村建设相结合，民俗与民众生活相融相通。

3. 多渠道全方位传播乡村文化

乡村文化的传播，要立足于乡村发展实际和乡村居民多样化的精神文化需求。习近平总书记指出，文艺只有植根现实生活、紧跟时代潮流，才能发展繁荣，只有顺应人民意愿、反映人民关切，才能充满活力。积极挖掘、开发乡村优秀文化资源，树立适应社会主义市场经济的乡村文化工作的新观念，利用新媒体平台、大数据、云计算等新技术，多渠道、全方位

地传播优秀乡村文化，促进优秀乡村文化的交流与发展。例如，贵州省松桃地区的苗族村落，拥有许多当地特色的民俗和技艺。过去落后的交通阻碍了当地乡民出行的脚步，也制约了经济发展和文化交流。在国家发展 5G 移动网络之后，松桃地区苗族同胞利用新媒体网络直播平台，将“四月八”等传统节日和“定鸡定蛇”等绝活表演通过新渠道广泛传播开来，吸引了不少网友观看，也吸引了不少游客前往参观。一方面将乡村文化带出了深山，展现了乡村文化的时代价值，带来了经济效益。另一方面，也让更多人了解了乡村文化的丰富内涵和表现形式，领略乡村文化的独特魅力，满足人们对于精神文化的更高需求。

4. 挖掘优秀文化基因

如费孝通所言：“文化是人为的，也是为人的。”文化由人民群众创造，同时也在历史发展的进程中为社会稳定、文明进步、人口素质提升发挥了重要作用。乡村优秀传统文化中蕴含着大量优秀的文化基因。在乡村的家训、家风、乡规民约、礼仪、技艺等文化形式之中，可以广泛寻觅到中国传统文化中的“忠、孝、仁、义、礼、勇、志、信、悌、廉、忍”等优良品格；还有“耕读传家、勤勉图强、安贫乐道”等历史故事也体现了农民纯朴的品质。这些优秀品质与现代城市文明所倡导的诚信、友善、互助等伦理道德规范同根同源，都是和谐社会建设的基本遵循，是需要代代传承发展的优秀文化基因。在弘扬乡村文化的过程中，应有意识地深入挖掘这类优秀文化基因，提炼、整合其内涵，让乡村优秀传统文化成为新时代新农村的精神基础。

第五节 弘扬优秀乡村文化，共促文化繁荣大局

乡土文化是中华传统文化的重要组成部分，是中华民族实现文化复兴、构建新时代社会主义文化自信的重要来源。新时代，需要珍惜我国传统乡土文化的宝库，用好祖先留下的文化资源。文化发展要符合社会的前进方向才具有生命力，乡土文化中不符合时代发展的落后文化必然会被淘汰，而符合社会发展的乡土文化将会在新时代得以保留和创新。因此，应当对乡土文化有选择地进行继承和发扬，要将其和现代文化要素结合起来，赋予新的时代内涵，让其在新时代展现魅力和风采。

对待乡土文化应当鼓励和引导正确的价值取向，发扬优质的乡土文化

（1）充分挖掘乡土文化资源，组织文化活动，如舞花灯、赛龙舟、乡土故事会、民间艺术比赛、乡土文艺展示等文化活动，提升村民的文化参与感与团体身份认同感。

（2）建立健全新时代道德评价机制，相关部门建立道德评价体系，通过乡土“好人好事”评选、本地历史人物事迹宣传等方式，构建乡土道德评价机制，规范个体行为，形成文化自觉。

（3）支持文化创作生产，鼓励乡土文化能人积极将社会正向文化融入乡土文化再生产，通过组建民间艺术团、乡土秧歌队等文化组织，生产健康向上的文化内容，创建文化繁荣的良好氛围。同时，对于乡土文化中的落后文化必须予以舍弃，如重男轻女、封建迷信、天价彩礼、人情攀比等，应通过有效的行政干预、舆论引导等方式进行破旧立新，从而使乡土文化发展向着促进乡风文明、弘扬正气的方向前进，更好地融入社会主义先进文化繁荣大局。

（执笔人：谭嘉辉　赵丽　谭鑫）

第六讲　案例之讲

案例一　云南省弥勒市新哨镇乡村文化振兴案例

加快乡村文化建设不仅是全面推进乡村振兴题中应有之义，更是全面推进乡村振兴的重要举措。发挥优秀文化资源在乡村文化中的作用，特别要重视优秀历史文化的传承，整合村居文化资源，通过创造性转化和创新性发展激发乡村振兴的内生动力。

新哨镇不断加强农村思想道德建设，以践行社会主义核心价值观为基础，大力倡导乡风文明；以健全公共文化服务体系和服务供给为手段，广泛开展群众文化活动进而丰富乡村文化生活；重视复兴乡村传统文化，推动“乡土文化+”产业融合，以全镇力量推动乡村文化繁荣发展，促进乡村文化振兴。

一、新哨镇概况

（一）新哨镇基本情况

新哨镇地处弥勒市中部，辖区总面积315.2平方千米，辖12个村（社区），共81个自然村90个村(居)民小组13953户49745人。新哨区位置优势良好，距离弥勒市区18千米，距离弥勒高铁站15千米，距离东风机场12千米，境内云桂铁路、石蒙高速、昆河公路、三那线、新解公路、义小公路等主要干道纵横交错，是北至昆明、南至河口、东出文山连两广、西进玉溪畅滇西的重要节点。

（二）新哨镇基本文化情况

新哨镇共有农村业余文艺队90支，共建成镇农文网培学校1所，村委会农文网培分校12所，农家书屋12个；全镇共有篮球场86块（其中9块灯光篮球场），排球场5块，门球场2块，乒乓球台26个，小组文化活动室90个；全镇共有KTV、网吧等文化娱乐经营场所3个，文物点11个；广播电视“村村通”卫星直播用户2260户，“户户通”用户776户，“村村响”广播接收设备15座，全镇域内广播电视信号覆盖率达100%。大红塘村民小组（隶属于弥勒市新哨镇朗才村委会）是红河州最大的苗族村寨，该村群众热爱芦笙、歌舞、苗族刺绣及服饰。苗族传统舞蹈——芦笙舞、苗族服饰工艺被列入县级民族民间传统工艺保护名录。目前，新哨镇有州级苗族芦笙舞传统文化传承人1名，市级民族民间文化传承人6名。

二、新哨镇推进乡村文化振兴的路径

（一）加强农村思想道德建设

1. 始终践行社会主义核心价值观

在村民活动场所、进村路口、人员较集中地段，设有社会主义核心价值观主题广场1个，宣传展板在全镇12个村（社区）所在地、90个村小组均全覆盖。将社会主义核心价值观贯穿于实际工作和生活中，通过开展“文明村”“文明家庭”“文明新风示范村”“最美庭院”“好媳妇”“好婆婆”等创建评选活动，大力宣传典型事迹，引导群众向榜样学习，努力培育和践行社会主义核心价值观。同时加强新哨镇师资教育力量，小学教育、初中教育是培育学生的价值观、人生观、世界观的重要阶段，是培育社会主义核心价值观的关键环节，抓好教师队伍建设对于促进乡村文化振兴具有重要意义。因此，要提高农村教师的工资补贴额度，吸引优秀人才到农村任教，充实教师队伍。

2. 持续倡导文明乡风建设

依托美丽乡村建设工作，结合农村人居环境整治行动，落实门前三包责任，实行网格化评比机制，组织开展“最美庭院”“卫生示范户”等评选活动，推进群众养成健康文明新风尚。深入开展一些群众喜闻乐见的文化活动。2021年，举办建党节系列活动，12个村（社区）举办庆祝建党百年红歌合唱预赛，镇级成功举办“传唱红色经典，献礼建党百年”合唱比赛，全镇12个村（社区）、4个企业、机关党支部共计17支队伍参与，营造唱红歌、颂党恩、跟党走、爱家乡、建设美丽新哨的良好氛围。在这过程中积极倡导文明新风尚，积极劝导革除陋习，引导村民自觉抵制天价彩礼，强科普和法制教育，深化理想信念教育，开展文明新风教育，倡导婚姻自主、婚姻自由、红白喜事简办的新风尚，使农民对陈规陋习的危害性有清醒认识，引导农民崇尚科学、破除陋习，树立节约光荣、浪费可耻的观念。开展健康使用公勺公筷行动，健全文明建设长效机制，确保精神文明建设常态化长效化。

（二）丰富乡村文化生活

1. 健全公共文化服务体系

为广大农民普及科技知识，传播先进的文化，丰富精神食粮，传递人文关怀，满足广大农民群众最基础的精神文明需求和日益增长的多层次、多方面的文化需求，加强农家书屋的建设与管理。在农家书屋里，图书和桌椅配置齐全、制度上墙、环境卫生良好，都配备了兼职管理员，每周开放时间保持在5天以上。各农家书屋存书3700余册，文化站存书5300余册。

建好书屋只是第一步，只有真正用好书屋，让书屋成为农民的“富口袋”和“富脑袋”的有效载体，那才算是真正的惠民工程。加强综合文体活动广场的建设与管理。部分行政村建有100～300平方米的综合文体活动广场，配置了篮球架、乒乓球桌，保障广大群众开展体育健身、广场舞健身等活动。积极实施文化民生工程，把先进文化送进社区。结合“我们的节日”在妇女节、重阳节、国庆节等传统节日，各文艺骨干指导和组织群众开展合唱培训、舞蹈训练等形式多样的文体培训和文体活动，有效地丰富了群众的文化体育生活。

2. 增加公共文化产品和服务供给

对于公共文化产品和服务，也需要乡镇政府作为供给主体进行文化和服务的输出，以满足农民群众的精神文化需求，这就需要乡镇政府通过政策、资金、人才、技术等要素持续投入，逐步建成了以文化站为主要载体的供给体系。公共文化服务要求供给多元化、精准化，乡镇政府应根据消费偏好考虑有效供给，选择广大农民群体喜闻乐见的公共文化产品和服务，注重专业性、通俗性、科普性的结合。例如，新引进的农业专业技能书目，往往比较专业，可读性不高，需要科普化、通俗化解读后才能更易被广大农民群众接受。

农家书屋建设是一项长期的、系统的惠民工程，需要加强知识产权审核和版权保护，防止侵权盗版产品进入公共文化服务供给体系。此外，还要完善公共文化设施免费开放保障机制，深入推进农家书屋等公共文化设施免费错时开放，推进镇村级活动室向更多群众开放。对于文体活动广场，要加强对户外的文体设施维护检修，及时检查和更新设备部件，保障公共文体服务的有效供给。

3. 广泛开展群众文化活动

广泛开展群众乐于参与、便于参与的文化活动，孕育农村社会好风尚。实施“农家书屋”等文化惠民工程，大力推进以广场文化、社区文化、村镇文化、机关文化、企业文化、校园文化为核心的群众性文化活动。例如，以农家书屋为平台，号召阅读、书法爱好者等带领广大群众开展读书、练字等文化活动，配合市级文艺协会和文艺骨干送文化服务下乡，增强广场文化活动的凝聚力、号召力、感染力。以社区为组织单位，引导群众广泛开展文化娱乐、休闲健身、广场舞表演、球类比赛等丰富多彩的社区文化活动，促进村（社区）和谐发展。

三、新哨镇推进乡村文化振兴的经验

（一）复兴乡村传统文化，助力乡村文化振兴

1. 保护特色文化遗产，大力弘扬乡村优秀传统文化

新哨镇积极争取上级补助、整合其他部门资金与组织群众投工投劳相结合，实施大红塘民族团结示范村建设。

（1）加强大红塘苗族文化挖掘整理和服饰及艺术品等收集保护，探索建立主题民族文

化和非物质文化遗产资源展示区。建设苗族寨门体现苗族特色，完善非物质文化遗产传习点硬件建设，有助于参观者深入了解非物质文化遗产背后的历史故事。

（2）扶持具有苗族特色的服饰、手工艺品、刺绣、蜡染、芦笙等产业的发展，以文化创意赋能非物质文化遗产资源，弘扬民族特色的时代价值，也助力新哨镇的人民增收致富。

2. “活化”乡村优秀传统文化，推动“乡土文化 +”产业融合

结合美丽乡村示范点建设，打造农耕文化体验基地、苗族文化体验基地，挖掘和利用农业生产资源，培育符合现代人需求的传统休闲娱乐文化，推动休闲生活与传统农耕文化融合发展，向参观旅客展示和传承苗族文化的窗口和基地，彰显出苗族文化的厚重和丰富的内涵。同时鼓励有条件的村民利用美丽乡村建设资源开发体验、娱乐、餐饮等项目，挖掘乡村特色小吃、农家菜肴、传统饮食，将“吃文化、吃特色、吃新鲜”的饮食风尚应用其中，以其美味、独特、新鲜、朴实、亲切的优势抓住游客的胃，留住游客脚步。注重提升品质、打造品牌，以乡村美食文化带动旅游经济，也带动周边多行业发展、增加就业甚至创业机会。

（二）完善乡村公共文化设施，推进乡村文化振兴

新哨镇一直以来强化政策保障，健全资金投入和使用机制。在村级活动场所全覆盖的前提下，以逐年提质改造一批设施为目标，年初及时做好项目规划，依托彩票公益金项目，逐年对各村公共基础设施进行提质改造。2021 年，累计投资 130 万元，完成小路体小组、招纳社区上司居民小组、清河村委会老年活动中心项目建设。严格落实村镇文体活动场地等基础设施建设配套经费保障，严格落实 4.5 万元文化站免费开放经费专款专用。新哨镇完善乡村公共文化设施，为当地村民的文娱活动开展创造了前提，激发群众到公共文化阵地参与活动的积极性和主动性，使基层公共文化建设有载体、有队伍、有吸引力，方便组建民间文艺团队、农村广场舞队等文化自治组织，开展一些贴近群众、贴近生活的文体活动，激发群众自办文化活动的热情，公共文化设施的建设满足人们对美好生活的需要。

（三）建设文明乡风，助力乡村文化振兴

1. 以中华传统美德涵养文明乡风

坚持党建引领强基础，不断增强群众对习近平新时代中国特色社会主义思想的政治认同、思想认同、情感认同。从建平台、强队伍、抓活动着手，完善新时代文明实践所（站）和队伍建设，动员广大群众注册文明实践志愿者，推动新时代文明实践阵地全覆盖、志愿服务活动常态化。结合群众大会、主题党日、“我们的节日”等重要活动，开展疫情防控、政策解读宣讲、农民技能培训、节日慰问孤寡老人等文明实践活动，在这些道德实践中形成一系列传统美德，带动农民懂纪律、有制度，也引导人们呈现出向善、向美、向好的精神面貌，这也是加强乡村文明建设的重要方式。新时代的乡风文明建设既要以社会主义核心价值观为引领，又要传承弘扬忠、孝、仁、义等传统美德，才能不断提高乡村社会文明程度。

2. 以中华优秀传统文化培育良好家风

注重发挥先进典型和榜样的示范引领和带动作用，坚持自下而上、公开公正、层层推荐、层层把关的原则，开展“好婆婆”“好媳妇”“文明村”“最美庭院”等道德模范、先进集体（个人）的评先评优及其表彰活动，并在主要对外宣传平台宣传好家规家训家风、展示先进典型事迹。鼓励村民将编写好的家规家训制作成牌匾、条幅等，挂在厅堂，推动家规家训亮出来，并将评选出的好的家规家训在村级宣传栏等集中展示，起到了很好的宣传效果。

3. 以社会主义核心价值观引领淳朴民风

在原有基础上投放更多的社会主义核心价值观主题公益广告，在村民中征集社会主义核心价值观、家风家训主题文化形式的作品，将核心价值观与群众日常生活紧密联系起来，提升人民群众对核心价值观的认知度和认同感。充分利用各种渠道加强社会主义核心价值观的宣传解读，营造浓厚的社会主义核心价值观宣传氛围；充分发挥志愿服务活动的潜移默化作用，定期组织志愿者开展活动，为社区村民提供实实在在的服务；通过展示本村“名人乡贤”的先进事迹、好人好事等，鼓励村民向本村的先进人员学习，提高自身素养，在群众身边有效树立了榜样典型；充分发挥各村（社区）道德评议会、红白理事会等多支队伍，结合传统节日，宣讲党的政策，宣讲文明新风和身边好人事迹，加强了村民红白喜事引导，有效遏止不良风俗。

（四）强化乡村文化繁荣，促进乡村文化振兴

1. 重建乡村文化共同体

积极探索建立健全辖区各级政府公布命名的文化遗产数据库。积极开展“双遗”保护的宣传工作，加强区域内文物保护单位消防安全监、排查工作，让广大群众积极参与到文物安全保护工作中来。广泛开展保护“双遗”的宣传活动，营造保护文物声势，宣传深入人心，达到家喻户晓的效果，树立人人关心和参与非物质文化遗产保护，营造良好氛围。进一步指导大红塘苗族文化传习点开展苗族文化传承活动。新哨镇有州、县级民族民间文化传承人 7 名，其中州级 1 名，县级 6 名，建立了完整的非物质文化遗产保护、传承人档案；大红塘村小组组建了老、中、青年 3 支业余文艺队共 200 人，其中青年文艺队长期开展苗族舞蹈传承活动，现有学员 36 名。新哨镇营造了村民参与非物质文化遗产保护的良好氛围，提高了村民非物质文化遗产保护意识，满足了农民的文化需求。重建乡村文化共同体在推动文化大发展大繁荣中发挥了重要作用。

2. 构建多元主体的乡村文化建设机制

（1）完善文化站免费开放机制。充分发挥文化信息资源共享工程平台的辐射力和影响力，免费开放图书室、电子阅览室。为各部门免费提供文化资源和设施设备，免费下载音乐及视频提供给文艺队。利用投影仪、投影幕等设备，开展各类培训。

（2）完善农家书屋制度，优质为群众服务。12 个农家书屋公示免费开放的时间，让更

多的群众获得知识的熏陶。联合学校开展读书活动，每年向市图书馆报送一篇农家书屋读者读后感。

3. 多举措共促乡村文化蓬勃发展

（1）深入挖掘各村（社区）的非物质文化遗产、传统戏曲、饮食文化、民间艺术等，利用乡村文化遗产来见证乡村发展的深厚历史文化，并将其融入乡村文化建设中，让全镇更多人民能够更加深入地接触非物质文化遗产或乡村历史文化遗产，提升文化自信，促进文化繁荣。

（2）强化镇村联动，积极调动群众发挥自身主观能动性，亲身参与到乡村文化建设中，凭借自身丰富的经验成为乡村文化建设的参与者。

（3）选择乡村文化中健康积极的民风、民俗开展乡村民俗文化教育，让乡村居民深刻了解到乡村文化的价值与意义，并深入理解其背后的深刻含义，尊重乡村文化内涵，将自己变成有意识、有思想、有行动、有能力的乡村文化建设者。

（4）充分利用返乡创业就业人才的工作经验、专业技能，将其融入乡村文化建设中，以其独有的乡村文化建设者身份凝聚人心、坚定乡村居民信心，打造先进的乡村文化，促进乡村文化蓬勃发展。

案例二 云南省昭通市永丰镇乡村文化振兴案例

文化兴则乡村兴，文化强则乡村强。实施乡村振兴战略有着非常深远的意义，推进乡村文化振兴是实施乡村振兴战略的重要内容，文化振兴是乡村振兴战略的基础和灵魂所在。永丰镇着眼于乡村传统文化的传承与振兴，立足自身优势，充分挖掘乡村传统文化的底蕴、精神和价值，以文化建设为契机，厚植乡村文化振兴底蕴，为乡村振兴凝聚精神动力，走出了一条属于永丰的文化振兴之路。

一、永丰镇概况

（一）永丰镇基本情况

永丰镇位于昭阳区南郊，距城区 10.5 千米，辖区总面积 91.43 平方千米，有耕地 3.9 万亩[①]。下辖 6 个社区、2 个村，33 个自然村，有汉族、回族、彝族、苗族、白族、壮族、纳西族 7 个民族，1.7 万户、5.4 万人。全镇劳动力实现就业 26316 人，外出务工 14836 人。全年平均气温 11.6℃，年降水量 800 毫米左右，森林面积 12456 亩，森林覆盖率达 42.7%。2007 年被省委、省政府评为“省级组织活动场所先进单位”。主要产业有苹果、蔬菜、养殖业、劳务输出。其中，永丰镇被列为云南省 12 个重点支持开展乡村振兴示范园（田园综合体）创建的县（市、区）之一。

（二）永丰镇基本文化情况

永丰镇文化基础设施不断完善，目前设有文化站 1 个，活动中心 9 个，图书室 8 个，农家书屋 10 个，乡愁书院 1 个，书画院 2 个，村民小组活动中心 28 个。

永丰镇共组建业余文艺队 8 支，累计宣传演出 22 场。为全面推进乡村文化振兴，每个村由村委委员兼任农家书屋管理员，设有公益性岗位 1 个，配备 1 名人员作为文化站管理人员，已满足文化站日常管理需要。从年轻干部中选优配强 2 名人员作为宣传干事，不断增强永丰镇文化宣传力量。

---

① 亩：土地面积单位，1 亩≈ 666.67m^2，全书统一说明。

二、永丰镇推进乡村文化振兴的路径

（一）加强农村思想道德建设

1. 践行社会主义核心价值观

（1）积极开展多彩活动，引导居民践行社会主义核心价值观。活动主要围绕进一步加强公民思想道德建设，引导全镇人民自觉践行社会主义核心价值观，提高市民道德素质和城市文明程度，激发全镇人民支持、参与道德实践活动的热情。同时坚持从农村和农民实际出发，全面提高农民群众的思想观念、道德素质和科学文化水平，推进公民道德建设工程。全面准确地宣传中央强农惠农的重大政策，举办专题宣讲会 73 次，邀请市委党校老师到永丰镇各村（社区）专题辅导党课 45 次，让党的理论创新成果走进农村、走进农民，让社会主义核心价值观主导农民的思想潮流。

（2）积极创建各类新时代文明中心、建设示范基地，让大众在学习、生活中提升道德文化素养。永丰镇新时代文明实践所免费向公众开放，大家有了一个专门学习党和政府方针、政策及科学文化知识的阵地。

永丰镇新时代文明实践所为市级新时代文明实践中心建设示范点，由乡愁书院、理论宣讲堂、陈列馆和文艺活动室四个功能区组成，作为重要的文化宣传阵地，其打通了群众思想文化建设工作的“最后一公里”。永丰镇各类新时代道德建设实践中心只是永丰镇文化繁荣的一个缩影，随着永丰精神文明建设力度的不断加大，永丰镇人民将不断提升幸福感。

2. 巩固农村思想文化阵地

永丰镇高度重视乡镇文化建设，始终坚持重心下移、资源下移、服务下移，整合乡镇文化站、村民小组活动中心、老年大学、书画院等场所，成立新时代文明实践中心。综合利用文化宣传栏、应急广播、微信公众号，文艺大舞台等公共文化设施，完善覆盖城乡的农产公共文化设施网络，进一步巩固扩展乡村文化阵地，为开展乡村文化活动搭建起广阔舞台。

3. 倡导文明乡风建设

永丰镇重视乡风文明建设，深入推进农村精神文明创建活动。每年开展一次“好婆媳”“五好家庭”等创建评比活动，实施道德巡回法庭，有效化解矛盾纠纷，大力传承和弘扬优秀家风家训，以良好家风引领农村社会风尚，让积极向上的精神追求、健康文明的生活方式成为乡村时尚。深入挖掘乡贤文化的精神内涵，发挥新乡贤爱国爱乡、见贤思齐、崇德向善的价值引领作用，积极传播向上向善的正能量，着力培育文明乡风、良好家风、淳朴民风。举办群众喜闻乐见的山歌歌圩 21 次、文艺演出 18 次、知识竞赛 7 次，将党的创新理论和政策方针宣传“翻译”成基层群众听得懂的“乡音土话”“三字经”“村歌民曲”，推动党的路线、方针、政策在广袤的农村落地生根。

（二）弘扬中华优秀传统文化

1. 保护利用乡村传统文化

永丰镇历史悠久，历史人文沉淀深厚。永丰镇充分发扬传统文化精神，加大对龙家祠堂和卢汉家祠、名木古树、古井、特色建筑的保护力度，通过划定乡村建设的历史文化保护线，切实保护好文物古迹、传统村落、农业遗迹等优秀乡村传统文化。推动优秀农耕文化遗产合理适度利用，深入挖掘农耕文化蕴含的优秀思想观念、人文精神、道德模范，充分发挥其在凝聚人心、教化群众、淳化民风中的重要作用。2022 年 6 月，永丰镇文化振兴暨镇志编撰工程正式启动。通过镇志编撰，构建政府主导、社会参与、群众自主相协同的文化新发展格局，为进一步深化精神文明建设、助推乡村文化振兴打下了基础，为更好地挖掘乡土文化资源、保护地方文化生态、传承和弘扬优秀传统文化凝聚了力量。

2. 发展乡村特色文化产业

永丰镇积极发展文化振兴事业。较为典型的例子是：

（1）积极举办万亩荷塘鉴赏会 12 场次，每季度举行一次龙氏家祠文艺汇演，拉动乡村文化消费 680 万元。依托昭通超越苹果基地，大力培育文化和旅游企业。打造乡村文化产业品牌“昭阳红”“天成尚果”“万物生”，加大宣传推介力度，提升乡村文化吸引力。

（2）积极为三甲社区的葡萄产业发展出谋划策。将三甲村葡萄命名为“甜咪嘻”牌，已在工商部门注册了商标。还邀请著名作家夏天敏先生题写了“甜咪嘻”商标，邀请原市文联主席、著名书法家张正华先生题写了赞美三甲“甜咪嘻”品牌红玫瑰葡萄的诗歌，邀请著名国画大师汪世炎为“甜咪嘻”品牌作画并将其印在包装箱上，有效提升了该品牌的文化品位，提升了影响力和知名度，为做大三甲社区葡萄产业、促进当地农民增收做了一些有益的工作。

2022 年，三甲社区村民种植葡萄的热情大大提高，新植葡萄园 150 亩，呈现出良好的发展势头。时任区委宣传部部长的沈洋将其小说《万物生》商标署名权赠予三甲村村民，以助推其发展苹果产业，鼓励其带动全村人民共同致富。同时，永丰镇大力发展“农业 + 文化 + 旅游”产业发展模式，规划建设一批，通过芳芳草莓文化生态园、秋甸蓝莓文化生态园、乡愁书院农耕文化展示区等“文在园中，园中带文”的沉浸式体验区，让乡土文化历经岁月焕发新的生机。

（3）结合乡村振兴和东西部协作帮扶的契机，对永丰镇现有文化产业进行梳理整合。因地制宜、因村而异、量身打造了一批以三甲小龙潭为代表的产业带动型村庄，以及以海边甄家湾为代表的民族团结型村庄。

（三）丰富乡村文化生活

1. 健全公共文化服务体系

健全公共文化服务城乡联动机制，加强城乡区域公共文化服务资源整合和互联互通，推进城乡“结对子、种文化”，积极争取送文下乡等活动 10 余次，加强城市对农村文化建设的帮扶，引导优质文化资源和服务向村（社区）倾斜，促进城乡基本公共文化服务均等化。完善公共文化服务管理体系。发挥城乡基层群众性自治组织的作用，健全民意表达和监督机制，引导群众参与公共文化服务项目规划、建设、管理和监督。健全群众文化需求反馈机制，制订公共文化服务提供目录，开展“菜单式”“订单式”服务，提高公共文化服务供需的匹配度。

2. 广泛开展群众文化活动

积极组织昭通书画名家到永丰镇锦艺书画院开展现场创作，举行义卖32场，筹集善款192万元，全部用于支持永丰镇贫困学生完成学业。积极弘扬传统文化，在中华传统节日，组织群众开展包粽子、祭龙、包汤圆等活动。大力倡导村中的年轻人孝老敬亲，深入开展每年一度的“好媳妇”“巾帼致富能手”评选等活动。对不孝敬老人的村民，以“道德法庭”的形式，邀请村中德高望重的老人组成陪审团，公开“审理”，让不孝敬父母的子女、不遵守社会公德的村民反思自身行为，调整自己的做人做事原则，重塑自己的良好形象，促进了民风的转变，弘扬了传统美德。

三、永丰镇推进乡村文化振兴的经验启示

（一）复兴乡村传统文化，助力乡村文化振兴

1. 保护乡村文化遗产，大力弘扬乡村优秀传统文化

保护乡村文化遗产有积极作用，推进乡村文化遗产的进一步利用，推动村民的文明提升。通过保护、挖掘、利用凝聚中国乡村文脉的古老建筑，创新发展思维，结合当地的资源优势，整合资源，将其历史渊源、发展脉络，独特创造、价值理念、鲜明特色进行归纳总结，由小见大地将当地的发展史融入其中。通过宣讲、参观游览等方式，不断普及乡村传统文化、讲好历史文化、修缮历史古迹、保护历史文物，让人民群众也参与进来，营造强烈的文化氛围。在中华优秀传统文化的基础上，融合新时代发展理念，对其加以补充、拓展、完善，增强优秀传统文化的影响力和感召力。

2. “活化”乡村优秀传统文化，推动“乡土文化+”产业融合

按照保护先行、合理利用原则，结合现代消费需求适度开发利用，推动优秀传统文化创造性转化、创新性发展，焕发时代活力。推动乡村文旅产业发展。利用现有资源优势，深入挖掘文化内涵、赋予乡村生产生活文化特质，将乡村文化资源优势转变为文化资本，推动走“文化+旅游、农业、生态、科技”融合发展道路，提升乡村文化附加值和竞争力。大力发展民间技艺，开发文创产品，发展乡村文化产业，促进乡村文化资源与新产业形态和新消费业态有效对接。

乡土文化是推动文化振兴重要的资源。文化助力产业发展，产业发展促进文化繁荣，两者相互作用，更好解决人民物质和精神文明需求。以“乡土文化+”产业为契机，大力发展乡土旅游、乡村休闲旅游等农村新业态、新模式，推进农村一二三产业融合发展，助推产业发展。通过挖掘和振兴乡村的特色文化遗产，在发展中保护，在保护中发展，推进文化与旅游、农业、体育等产业融合发展。一方面，要突出当地特色，避免“千村一面”。另一方面，通过盘活文化遗产，为当地农民群众带来实实在在的经济收入，助力农民增收致富。

3. 赋予乡村优秀传统文化新的时代内涵

注重持之以恒抓好理想信念教育，大力弘扬民族精神和时代精神，加强党史、新中国史、改革开放史教育，加强爱国主义、集体主义、社会主义教育，引导广大农村群众树立正确的理想信念、历史观、民族观、国家观，不断增强中华民族的凝聚力和向心力，推动形成团结一心的精神纽带和自强不息的精神动力。大力弘扬爱国主义精神，唱响爱国主义主旋律，引导农村群众坚持爱国和爱党、爱社会主义相统一，坚决维护祖国统一和民族团结，不断增进对伟大祖国、中华民族、中华文化、中国共产党、中国特色社会主义的认同。把弘扬传统道德与培育文明新风结合起来，引导村民热爱生活、健康生活，不断改善生活习惯，结合农村人居环境整治的各项要求对生活环境进行大整治大提升。充分挖掘乡村文化特质，赋予其新的时代内涵，使之成为培育新时期文化精神的一个有效载体。建好农村宣传文化阵地，打造特色文化品牌，大力开展群众文化活动。让乡村文化活起来，留住乡村之“魂”，推动农村移风易俗，改变不良的生活习惯，形成良好的社会风尚。

（二）完善乡村公共文化设施，服务乡村文化振兴

1. 完善基础设施建设，加快乡村振兴进程

发展文化不能纸上谈兵，完善乡村文化基础社会建设，为乡村文化繁荣奠定物质基础。首先，推进乡村文化建设。发展乡村文化事业，必须优化相应的基础设备，保证乡镇建立完整的基础文化、基础设施，以及完善相应的配套服务，做好乡村文化基础设施的运行与保养工作，鼓励农村群众使用各类文化基础设施，最大化发挥设备、设施的作用。尤其是乡镇文化站应该配备齐全的微机、图书、乡村体育等文化设备，积极打造公共文化数字资源站点。其次，积极推进农家书屋建设，采取县、乡、村三级联办的方式，为县、乡（镇）、村建设标准化文化活动室、篮球场及电子阅览室。最后，农村文化馆（站）、图书馆、博物馆等文化阵地应该积极对外开放。

2. 严格落实各项乡村文化设施的惠民工程

文化惠民工程是推进文化振兴的重要举措，是党和政府亲民、爱民政策的体现。努力推进文化惠民工程，充分彰显了地方政府推进文化振兴的决心。文化惠民工程是促进文化发展和繁荣、拓展文化消费领域、改善丰富大众精神文化生活的重要途径。永丰镇在深入实施文化惠民工程推进乡村文化振兴具有的一定的成绩，形成了以下经验：

（1）加强乡村公共文化场馆免费开放。通过开放这些文化场所，丰富农村群众的文化需求。

（2）加强乡村公共文化惠民产品供给。积极开展“送戏进万村”活动，举办具有地方特色的文化旅游节庆活动，如农民丰收节、农民文化节等。

（3）加强乡村文化惠民人才队伍建设。打造一批专业志愿服务队伍，如培育民间工作队等。

（三）建设文明乡风，引领乡村文化振兴

1. 以中华传统美德涵养文明乡风

积极弘扬中华传统美德，强化乡风文明建设，可以扩大宣传范围，在村中以墙体画、宣传栏、标语、书画艺术作品等形式，深入、广泛地宣传诚信理念，利用村民大会等多种平台和形式，宣传诚信理念。在传统文化的宣传过程中，加强诚信宣传，营造良好的交易环境和良好的诚信氛围。通过这些措施，村民自觉地形成了良好的诚信习惯，使诚信理念深入人心，深入骨髓，形成了人人重诺守信的文明乡风。

2. 以中华优秀传统文化培育良好家风

多措并举，传承好优良家风。

（1）机关定期召开生活会，把家教家风作为重要内容。要求党政干部严于律己，塑造自己的贤配偶，严管妻儿及“身边人”。防止这些人利用领导的权力和影响为其个人谋利。

（2）请对家教家风有研究的专家、学者到机关举办关于家教家风讲座，请家教家风好的典型到单位分享经验，组织本单位员工就近到传承良好家教家风的项目点参观。

（3）在机关内部开展家教家风评比活动，对家庭和谐、教育子女等方面做得好的，如“五好”家庭，给予表扬和物质奖励，树立典范，在机关内大力宣传这些家庭，号召全机关向其学习。

（4）利用各种媒体举办家教家风讲座，介绍和宣传家教家风，宣传家教家风好的家庭，树立典范。

（5）利用报纸、杂志开展家教家风专栏，进行家教家风征文，出版发行家教家风方面的杂志、著作。

（6）开展文明家庭、和谐家庭、学习型家庭、良好家教家风等创建活动，结合创建全国文明城市带动家风培育，不断建立健全家教家风宣传的长效机制，使全镇都重视家教家风的培养。

3. 以社会主义核心价值观引领淳朴民风

各村（社区）按照有社会主义核心价值观主题雕塑、有村规民约、有家训、有文化活动场所、有文化长廊的“五有标准”，以社会主义核心价值观为内容，积极打造内容健康向上、形式丰富多样、风格各异的村庄文化。以“村规民约”为统领，建立完善了卫生保洁制度、垃圾收费制度、设施管护制度、水费收缴制度、文明卫生评比制度、红白理事会章程，环境卫生一天一清扫、一周一整治、一月一评比，群众家居环境纳入红黑榜表扬、曝光，引导群众在生产生活中融入社会主义核心价值观。同时，通过搭建“大舞台”，百姓“大唱戏”，将社会主义核心价值观和传统文化编排成脍炙人口的小品、话剧、三字经等，潜移默化地改善群众的思想素质，引导群众不断提升文化修养，从而实现民风的大改善。

（四）强化乡村文化自信，促进乡村文化振兴

1. 重建乡村文化共同体

示范引领带动群众，组建党员先锋队、妇女突击队等基层模范队伍16支，以实际行动和成效示范带动群众。相互监督，采取“五户联保”方式撬动群众主动参与村庄管理，每周组织发动群众开展一次环境卫生集中治理，管好、用好低保人员、公益性岗位，让群众成为村庄管理的主力军。

2. 促进城乡文化融合发展

组织结对帮扶，让文化下乡成为文化永远驻乡，落地生根，开花结果。推广建设“农民书房”示范户，使更多的人家自觉建成书房，为农村孩子营造良好的读书环境。由政府牵头，搭建乡土文化销售平台，让更多的乡村文化传播到城里，在城乡文化的交流互动中，两者相互借鉴，取长补短。巩固提升农产品商业文化，促进农民增产增收，提高效益，让更多农村群众愿意保护乡村文化，成为保护乡土文化的践行者。

案例三　云南省宣威市板桥街道乡村文化振兴案例

习近平总书记高度重视乡村文化建设，强调“实施乡村振兴战略要物质文明和精神文明一起抓，特别要注重提升农民精神风貌”“要推动乡村文化振兴，加强农村思想道德建设和公共文化建设”。板桥街道在推进全面振兴战略中，严格按照习近平总书记的要求，重视复兴乡村传统文化，把复兴文化作为乡村文化振兴的重点工作去推进；不断完善乡村公共文化，丰富村民公共生活，培育乡村公共文化精神；建设文明乡风；强化乡村文化自信，引领乡村文化振兴。

一、板桥街道概况

（一）板桥街道基本情况

宣威市板桥街道地处宣威市南部，距离宣威市中心 10 千米，距离曲靖市区 80 千米，326 国道、宣天一级公路、省道鸡田二级公路和贵昆铁路纵贯全境。辖区总面积为 252.49 平方千米，耕地面积为 15.8 万亩。下辖 7 个社区居委会、7 个村委会，196 个村（居）民小组。2021 年，板桥街道总人口为 70432 人，辖区有少数民族 28 个 5576 人，每年外出务工 16000 余人。

（二）板桥街道基本文化情况

板桥街道现有文化站 1 个，图书阅览室 1 个，每周免费开放 40 小时，每年实现图书外借和内阅人数达 1800 余人次；各村（社区）农家书屋实现全覆盖，并安排专人管理，共有各种图书 38700 余册，全部实现数字录入，实现电子借阅；全街道 14 个村（社区）共创建独立村级文化服务场所 2 个，整合村级活动场所 10 个，在建村级文化服务场所 1 个，文化广场总面积为 29876 平方米、文化活动业务用房总面积为 3958 平方米，新建体育健身活动场所 9 家，总面积为 5400 余平方米，设施设备均较为完善，各新建点都建立健全管理规章制度，并按规实施，按时免费开放。为进一步的推进乡村文化振兴，街道文化站指导各村（社区）电子阅览室建设实现全覆盖，协调选用村社区干部兼职，实现管理员知识化、年轻化，保证网络正常运行，满足村（居）民日常阅览图书、新闻信息的需求。

二、板桥街道推进乡村文化振兴的路径

（一）加强农村思想道德建设

（1）围绕培育和践行社会主义核心价值观的要求，充分利用村级“两委”换届干部教育培训，以“党群夜校+”为重要抓手，深入各村（居）民小组，开展中国特色社会主义核心价值观的宣传教育，大力弘扬共产主义的道德情操，强化爱国主义、社会主义、集体主义的思想信念，构建以国家和集体利益为重的价值取向，坚守见利思义、以义至上、天下为公的道德情怀，让这些先进的道德观念深入人心，提高人民群众的道德素养，提升农村社会文明程度，凝聚起乡村振兴的强大精神动力。

（2）通过结合当地的风土人情与实际情况，鼓励传统道德、文化资源保存较好的村（社区），通过整理收集村规民约、家训族谱等道德资源，开展史志修编工作，建筑民俗一体化的特色祠堂，特色祠堂是传统村落的核心文化空间，其功能更新与活化利用是乡村振兴战略实施的现实需要。通过一系列举措弘扬中国传统美德，引领村民诚实守信、勤俭持家及向上向善，最终达到促进一村一县特色文化发展的目的。

（3）指导建立业余文艺演出宣传队和发展各类协会会员。全街道现有业余文艺演出队13支，演出人员达400余人。发展书法会员20名，创作各类书法作品100件。美术协会会员30名、摄影协会会员20名、体育协会会员100名、舞蹈协会会员120名、文艺创作协会会员15名。各项文化队伍充分发挥自身优势协助开展农村思想道德建设，为农村的思想道德建设注入了新鲜活力。

（二）弘扬中华优秀传统文化

板桥街道深刻学习体会习近平总书记关于弘扬和传承中华优秀传统文化的系列讲话，结合美丽乡村的建设与发展，充分挖掘各村（社区）包含的特色文化符号，增加当地特色文化资源的活力。

（1）坚持以“形神兼备”作为导向，加强乡村原有建筑物的保护，同时深度挖掘历史文化底蕴，弘扬人文之美，恢复具有历史文化价值的村情村景。例如，将下村社区彝族自然村、永安村永安铺回族自然村具有特色民族文化元素融合到乡村建设中，通过外化于行的方式，将传统文化底蕴展现出来，充分体现了对传统文化的保护与重视程度。

（2）针对当地发生的历史事件，深入整理历史文献等相关资料，与红色文化相结合，充分弘扬红色基因。构建板桥二中红九军团部驻址、永安高坡顶战斗遗址等革命教育基地，让村（居）民了解家乡的英烈故事，知道党的使命与方针。

（3）大力宣传中华民族传统文化与美德，深刻挖掘乡村历史经典故事、民间传说及神话故事等，为具有地理性标志的产品赋予深厚的文化内涵。例如，赋予西边社区羊过水苹果、鸭塘村委会阳光玫瑰等农产品背后一些故事，促进乡村振兴走向个性化、品牌化的建设之路。

（三）丰富乡村文化生活

近年来，板桥街道多次组织了各种群众文化艺术活动，逐步形成了以“政府搭台、部门组织、各方参与”的文化活动新格局。

（1）大型文化活动形式多样。板桥街道每年结合“春节”“妇女节”“重阳节”等节日，组织街道各村（社区）文化联合体在板桥街道各村（社区）开展巡回演出，演出节目丰富多彩，为群众提供了较好的精神食粮。

（2）校园文化活动健康活泼。板桥街道两所初级中学、13所村级小学和幼儿园依托每年的五四青年节和六一儿童节，组织各类文艺节目进行演出，丰富了校园文化生活，营造了一个积极向上、健康活泼的校园文化氛围。

（3）机关文化活动丰富多彩。板桥街道每年都举办机关干部职工文体系列活动，丰富了机关干部的文化生活，使机关干部增强了体质、磨炼了意志、提升了素质，积极营造了一个团结干事、友爱互助、爱岗敬业的机关工作氛围。

（4）坚持不懈开展送文化下乡活动。每年组织文艺小分队开展科技、文化、法律、安全、卫生、政策“六进村”活动。同时，认真组织实施了农村电影“2131”工程放映活动，丰富了农村文化生活。

三、板桥街道推进乡村文化振兴的经验启示

（一）复兴乡村传统文化，助力乡村文化振兴

历史经验表明，任何文化或文明如果失去对自身文化传统的深刻了解和认知，也就失去了进行创新的基础。习近平总书记指出：“历史和现实都表明，一个抛弃了或者背叛了自己历史文化的民族，不仅不可能发展起来，而且很可能上演一场历史悲剧。”板桥街道深刻认识到这一点，把复兴乡村传统文化作为乡村文化振兴的重点工作，其值得学习和借鉴的有以下几个方面：

1. 加强乡村文化遗产保护展示

板桥街道整理保护有地方特色花灯歌舞、洞经音乐及彝族舞蹈，鼓励支持这些戏曲歌舞在各种晚会上表演、参加各类比赛。近年来，共创作出以“热爱祖国、歌颂家乡新农村建设”“精准扶贫”等为主题内容的各类文艺作品80余件。其中，花灯小戏《杜鹃花开》《板桥情缘》，花灯歌舞《娶亲路上》《逛板桥》等部分作品曾参加宣威市第一、第二届新农村文艺汇演并获创作一等奖。这些文艺作品有涵盖对祖国的爱，有包括民族特色的歌舞表演，有涉及传统文化遗产的展示，无一不表现出对乡村传统文化的弘扬和传承，无一不表现出乡村传统文化与现代文化的融合。真正的复兴乡村传统文化，不是对原有的文化全盘否定，而是发现、维系和恢复原有的生活方式、情感方式、文化心理、价值观与世界观，重新塑造出与现代价值

相嫁接、相融合的一种合适的模式。

2. 推动乡村文化产业

紧抓乡村旅游快车承载地区文化的特点，将乡村地域特色与乡村传统文化融入农业生产与观光中，赋予农业生产更多文化内涵，将绿色、生态、高效的发展理念同传统地域文化相互融合，注重挖掘乡村传统文化中的亮点。例如，永安田园综合体，项目区内“秦朝入滇”古驿道和明朝设“铺”遗址尚存，永安村在发展乡村旅游的过程中，充分利用永安村的特色传统和回族文化，将两者统一起来，提出了“依托资源谋规划，因地制宜调产业，田园开发振乡村”的发展思路，用特色文化基调促进产业振兴、乡村振兴，反过来又推进文化遗址的繁荣发展以及向世人宣传其独特文化魅力。同时，通过延长产业链以拓展农业观光、农事体验、农业文化传承、康养休闲等功能为补充，深入挖掘新时代农业新功能，从农业种植、农产品加工滚动发展成为农旅结合、文旅结合的田园综合体，实现了一二三产业深度融合的全链条发展，实现了生产、生活、生态同步发展，加快了推进乡村振兴，充分做到了以文化产业的发展助力文化复兴、文化繁荣。

3. 发挥乡村治理功能

按照乡村治理中的德治、法治与自治的原则，突破农村社会治理与传统文化之间的局限性，充分发挥乡村传统文化在乡村振兴中的沟通、交流与凝聚的作用。积极引导村（居）民正确价值观的形成，在乡村本身具备的文化内涵中感染村民，形成文化的向心力、感召力，加强村民对传统文化的认识与重视。认识和了解乡村文化，这于当代乡村振兴的建设具有重大意义。板桥街道从加强乡村文化遗产保护展示、推动乡村文化产业、发挥乡村治理功能三个方面复兴乡村传统文化，对其他地区的文化发展提供了宝贵的经验。

（二）夯实乡村公共文化基础，推进乡村文化振兴

加快乡村文化建设是全面推进乡村振兴的重要举措，是传承发展乡土文化的基础，是乡村振兴发展的现实要求。在夯实乡村公共文化方面，板桥街道从强化乡村网络设施、加强文化惠民工程的建设、完善乡村体育公共设施三个方面推进，取得了一定的成果。

1. 强化乡村网络设施

板桥街道与电信、联通公司加强合作，扎实推进数字乡村建设，充分利用数字化网络平台的优势，推进乡村数字图书馆、乡村远程教育中心、乡村网络服务中心、乡村旅游网上展馆、乡村文化网上展馆等基层公共文化网络基础设施。惠民便民的同时可以利用网络平台广泛深入地传播健康、有益的先进文化。大力推进文化艺术创作，努力挖掘具有地方特色、体现时代特点、群众喜闻乐见的文化精品。板桥街道加强和完善公共网络服务建设，丰富农民群众的文化生活，加强维护好、实现好、发展好人民群众基本文化权益，实现文化的大发展、大繁荣。

2. 加强文化惠民工程的建设

板桥街道进一步加强村级文化活动场所、农家书屋、农民素质网络培训学校等工程建设，提升公共文化服务水平，满足农民阅读需求和对美好生活的新期待，也进一步加强农村科普知识培训，不断提高全民科技文化素质。

3. 完善乡村体育公共设施

板桥街道鼓励支持老年文化活动健康发展，广泛开展全民健身运动，促进群众体育和竞技体育全面发展。“十四五”期间计划投资 3.4 亿余元，规划板桥街道多功能活动厅建设项目 1 个，文化广场 1 个，特色民族文化广场 3 个，综合文化服务中心 10 个，占地面积 59450 平方米；规划建设体育活动中心 14 个（包含 13 个村居委会和云峰社区）28000 平方米，设施设备 700 台；规划建设体育馆 1 个，建筑总面积 24000 平方米，主要包含标准篮球比赛馆、篮球训练馆、田径训练馆、网球训练馆、排球训练馆、乒乓球训练馆、健身馆及其他附属设施；规划全民健身步道 13 个，标准篮球场 26 块及附属设施设备。板桥街道完善乡村体育公共设施，方便村民就近参与体育锻炼，带动更多村民对体育锻炼产生兴趣，丰富村民公共生活，培育乡村的公共文化精神。加强农村体育公共服务体系建设，不仅是利民所需，也是促进乡村繁荣的有利因素。

（三）建设文明乡风，引领乡村文化振兴

乡风文明建设是一项系统工程，必须聚合各种资源力量，形成各尽其能、同向用力的局面，才能取得成效。板桥街道村级党组织充分发挥其政治功能和组织优势，加大文明乡风培育建设工作，将乡风文明建设同基层党建工作相结合，从思想层面筑牢每个基层党组织和每名共产党员的文明乡风建设责任意识，积极同村民一起共建文明乡风。

1. 强化组织作用，创建文明乡风

积极推动文明乡风建设各项工作，把文明乡风建设列为其工作的重要内容，切实强化组织的推动作用，深入推进农村精神文明创建活动，进一步规范壮大村民道德评议会、村民议事会和红白理事会等群众自治组织。积极修订和完善村规民约，围绕思想道德、移风易俗、环境卫生等重点内容，组织开展评议活动，引导村（居）民由“要我文明”向“我要文明”转变，实现由被动向主动的转化。

2. 积极培育新乡贤文化

开展新乡贤选举活动，通过“举乡贤、颂乡贤、学乡贤、礼乡贤”，把一批群众公认、品德高尚、处事公道、热心公益、积极参与地方管理、起到模范带头作用、真正为群众服务、推动家乡经济发展的人士选出来、评出来。这些乡贤成为风习教化、乡里公共事务的主导力量，也出现在现代农业、乡村建设等各个领域，成为农村产业兴旺、邻里和睦、互联互通的“主力军”，推动乡村文化振兴发展。

3. 扎实开展好家风好家训活动

板桥街道通过推动文明乡风建设各项工作、积极培育新乡贤文化、扎实开展好家风好家训活动、加强评选工作、推动村志编修等方法建设文明乡风，引领乡村文化振兴。在家风家训传承上，以家庭、村（居）民小组为基本单元，开展家风建设相关活动策划，抓好宣传教育、征集评选、展示推广等各个环节，引导广大群众晒家训、传播治家格言、讲好家风故事，传承优秀家风，通过多类型的活动潜移默化影响农民群众的价值取向和道德观念。同时挖掘、整理、编写弘扬传统美德、体现时代要求、贴近生活实际的家规家训，引导人们继承传统美德、树立家国情怀。

4. 加强评选工作

深化“星级文明户”、寻找“最美家庭”、评选“五好家庭”，以及“村村都有好青年”“好婆婆好媳妇”等各具特色的创建活动，加强孝道文化宣传教育。建立完善文明家庭标准体系、推荐机制、动态管理、尊崇礼遇等长效机制，凝聚起向上、崇善、爱美的强大正能量。

（四）强化乡村文化自信，促进乡村文化振兴

板桥街道深刻学习领会习近平总书记关于文化自信的系列讲话精神，在乡村振兴战略背景下，注重乡村文化的挖掘与利用，实现对乡村文化的尊重，传承发展乡村文化，以文化提升精神，在丰富乡村居民精神文化生活的基础上强化文化自信，突出乡村振兴战略背景下乡村文化自信建设的重要性，具体体现在以下几个方面：

1. 激发群众乡村文化主体作用

文化自信是指对中国传统文化和中国特色社会主义先进文化的自信。坚持文化自信就是要激发人民对中华优秀传统文化的历史自豪感，在全社会中形成对社会主义核心价值观的普遍共识和价值认同。板桥街道结合自身乡村文化实际情况，选择积极健康的民风民俗开展乡村民俗文化教育，让乡村居民意识到乡村文化的价值与意义，并开展各项活动，促进群众深入理解乡村文化背后的深刻含义，尊重乡村文化内涵，让村（居）民能够发挥自身主观能动性，将自己变成有意识、有思想、有行动、有能力的乡村文化建设者，亲身参与到乡村文化建设中。

2. 壮大乡村文化人才队伍

培育骨干、壮大队伍，确保乡村文化持久活力是强化乡村文化自信的基础。板桥街道加强基层宣传文化队伍建设，对现有的乡镇（街道）综合文化站人员进行登记，及时补充专业人员，做到专岗专用。定期组织文化站站长和工作人员培训，提升乡镇文化站组织管理水平，在村、社区配备宣传员，加强农村社区文艺骨干培训。发展壮大文化志愿者队伍，增强乡村文化自我发展能力，引导返乡、下乡人员结合自身优势和特长，发展传统工艺、文化创意等产业。

3. 完善乡村文化建设机制

板桥街道通过推动农村文化建设机制的法制化、规范化、制度化来增强乡村文化自信。

（1）完善乡村文化建设法律保障机制，促进乡村文化与法治精神相融合。在乡村管理规定中融入法治观念，将传统乡村文化与现代法治理念统一起来，拓展法律在乡村文化建设中的参与度，为乡村文化建设提供强有力的法律支持。

（2）遵循乡村文化建设规范化要求，健全乡村文化建设组织领导机制，合理规范乡村文化建设部署工作，以规范化引领日常事务，将乡村建设落实到位。

（3）完善文化教育培训等一系列活动的规章制度，对文化设施及场地的日常管理、活动计划、维护使用等作出明确规定，并由专人进行管理。

板桥街道通过激发群众文化主体作用、壮大乡村文化人才队伍、完善乡村文化建设机制三个角度强化乡村文化自信，从而提高人们道德文化修养水平，不断增加色彩和活力，为坚定秀水富民路、建设板桥街道新风貌，描绘出一道靓丽的风景线。

案例四　云南省德宏州城子镇乡村文化振兴案例

乡村文化振兴关键是要提升、激发农民的信心和力量。只有加强乡村文化振兴，才能帮助农民树立发展信心、振奋精神、生发激情，为乡村振兴注入强大的精神动力。

城子镇结合实施乡村振兴要求，全力推动乡村文化振兴，从加强农村思想道德建设出发，弘扬中华优秀传统文化，以社会主义核心价值观为引领，深入挖掘民族传统文化蕴含的思想观念、人文精神、道德规范，培育挖掘乡土文化人才，弘扬主旋律和社会正气，培育文明乡风、良好家风、淳朴民风，完善乡村公共文化，改善农民精神风貌，提高城子镇乡村社会文明程度，焕发乡村文明新气象。

一、城子镇概况

（一）城子镇基本情况

城子镇位于德宏州陇川县中部，原陇川县城所在地。东靠勐约乡，南依陇把镇和景罕镇，西邻户撒，北连清平，海拔 957 米。距县城章凤 26.5 千米，全镇土地面积 199.5 平方千米，森林覆盖率 55.87%，有耕地面积 64723.86 亩，其中：水田 43353.11 亩，旱地 21370.75 亩，人均 2.62 亩，林地 207606 亩。全镇辖 8 个村民委员会 92 个村民小组，1 个社区居委会 12 个居民片区。2021 年，城子镇共有 6300 户，24642 人，其中：汉族 10995 人，占全镇总人口的 44.61%；傣族 5278 人，占全镇总人口的 21.41%；景颇族 9605 人，占全镇总人口的 38.981%；此外，阿昌族、德昂族等民族 1236 人，占全镇总人口的 5.01%。2021 年，城子镇外出务工人员为 3454 人。

（二）城子镇基本文化情况

近年来，随着人民生活水平的不断改善，人民群众对文化的需求也在不断增长。城子镇政府及有关部门聚焦群众日益增长的文化需求，大力整合各类资金和项目，全力完善文化基础设施建设。目前，城子镇建设有民族文化广场 2 个，分别为镇政府对面综合型民族文化广场和巴达村曼崩坝目瑙示栋民族文化广场，各类文化活动场所 93 个（包含自然村活动室），农家书屋 13 个，各书屋藏书均达 1500 册、阅览桌 1 个、书架 3 个，管理员各 1 名，各村（社区）还自发成立了民间文艺团队共 9 支。有州级非物质文化遗产传承人 1 人、县级非物质文化遗产传承人 2 人。此外，还积极鼓励和支持各村群众参加非遗骨干队伍培训和“三区人才”文艺骨干培训。

二、城子镇推进乡村文化振兴的路径

实施乡村振兴战略，是党的十九大作出的重大决策部署，是全面建设社会主义现代化国家的重大历史任务，是新时代“三农”工作的总抓手。文化振兴是乡村振兴的铸魂工程。近年来，城子镇结合乡村振兴要求，全力推动乡村文化振兴，加强农村思想道德建设和公共文化建设，以社会主义核心价值观为引领，深入挖掘优秀传统文化蕴含的思想观念、人文精神、道德规范，培育挖掘乡土文化人才，弘扬主旋律和社会正气，培育文明乡风、良好家风、淳朴民风，改善农民精神风貌，提高全镇乡村社会文明程度，焕发乡村文明新气象。

（一）加强农村思想道德建设

乡村振兴既要推进政治、经济建设，更要将乡村文化、乡风文明等思想道德和与农民素质切实相关的因素根植于群众内心。城子镇通过有目的、有计划、有组织地培育和践行社会主义核心价值观、巩固农村思想文化阵地、倡导文明乡风建设，切实让新时代农民由实然状态转变为应然状态，激发其参与乡村振兴的积极性、主动性和创新性。

1. 始终践行社会主义核心价值观

城子镇通过三个举措培育和践行社会主义核心价值观。

（1）发挥基层党组织核心作用，促进社会主义核心价值观深入人心，积极充分发挥基层党组织战斗力，坚持“给钱给物，不如建个好支部”理念，发挥好基层干部在传播社会主义核心价值观中的重要组织、引导和模范带头作用。例如，2021 年 10 月 14 日，城子镇开展“九九重阳节，慰问暖人心”活动，解决老人生活困难，营造全镇“爱老、敬老、助老”的良好氛围。

（2）注重日常生活实践，扩大社会主义核心价值观影响力。城子镇注重日常生活实践，利用节庆活动、赶集日等大力宣传社会主义核心价值观。例如，2021 年 6 月 11 日，在端午节来临之际，城子镇开展“小小粽子送温情”活动，并广泛宣传民风民俗、爱国主义、助老爱幼等相关知识，利用节日联络邻里感情、增强了村民之间的凝聚力。

（3）利用本土资源，增强社会主义核心价值观文化认同感。城子镇居住着汉族、景颇族、傣族等多个民族的村民，各民族在长期的生产发展实践过程中积淀形成了丰富的民族文化。城子镇充分挖掘、利用本土景颇族、傣族等民族文化资源，开展民间文化活动，使全面践行社会主义核心价值观具体化、本土化、特色化，既能用村民身边鲜活的文化来感化他们，又能促进村民对社会主义核心价值观内涵的文化认同。

2. 强化巩固农村思想文化阵地

巩固农村思想文化阵地是全面推进乡村文化振兴的重要举措。城子镇通过三个举措巩固农村思想文化阵地。

（1）夯实阵地建设。以满足百姓文化需求为出发点，加大文化基础设施投入力度，推进公共文化阵地建设。目前，城子镇各村已 100% 实现小喇叭村村通、文化活动室全覆盖。

（2）丰富活动载体。不断创新基层工作载体，城子镇依托新时代文明实践中心（站、所），采取“五用”“五化”形式宣讲党的十九大精神和党的乡村振兴政策，及时把党的理论通过宣传宣讲、文艺创作、文化活动等形式传播到基层群众当中，让党的创新理论“飞入寻常百姓家”。

（3）开展文化惠民。大力推进文化民生工程建设，通过小品、山歌等形式，让老百姓在家门口享受文化大餐。同时，大力举办群众文化活动、培训、文艺演出等各类特色文化活动。

3. 倡导文明乡风建设

乡风文明是乡村振兴的灵魂和引擎。城子镇实施四大行动推动文明乡风建设。

（1）实施社会风尚引领提升行动，不断深化家风家教建设，倡导注重家庭、注重家教、注重家风，大力弘扬尊老爱幼的良好家风。

（2）大力开展“文明家庭”“星级文明户”等创建活动，开展“传家规、立家训、扬家风”“优秀家风家训进家庭”等主题活动，使农户参与率高达 100%。

（3）在各村醒目位置设置善行义举榜，展示好人好事、善行义举，讲述道德人物、道德格言，营造农村正能量浓厚氛围。

（4）大力倡导丧事、婚事简办的理念，崇尚文明节俭。自觉抵制高价彩礼、大操大办，反对铺张浪费。合理控制人情往来，倡导厚养薄葬，自觉抵制盲目攀比等不良风气。

（二）弘扬中华优秀传统文化

城子镇的景颇族、傣族、阿昌族等民族在长期生息发展中积淀形成了许多优秀传统文化，是中华优秀传统文化不可或缺的组成部分。弘扬优秀传统文化是实现城子镇文化振兴的重要内容。

1. 多措并举开展乡村传统文化保护

（1）开展文化传承人培训，大力抢救和弘扬景颇族、傣族等民族优秀传统文化，全力制止传统文化“人亡歌息”现象发生。

（2）在中小学教育中开展民俗文化和民族语言等课程，让景颇族、傣族等各民族的中小学生了解本民族文化，强化民族共同体意识，增强民族文化自信。

（3）在各村寨醒目墙壁上刻画和悬挂有关民族传统文化的图片和文物。例如，目前城子镇巴达村已修建成一条景颇族文化展示长廊，通过赏阅此长廊即可了解到景颇族的历史文化。

2. 聚焦特色开发利用传统文化

（1）聚焦民族传统服饰文化，发展民族特色织布业。

（2）把民族优秀传统文化元素融入乡村旅游开发中，实现文化资源资本化转化。例如，城子镇结合傣族文化打造麻栗坝风景区，2022 年春节期间，日均游客在 2000 人以上，大量游客的游玩消费为当地群众增收创造了新空间。

（3）利用民族传统民居，发展特色民俗。

（4）结合地区特色文化建设干部教育培训基地。例如，城子镇芒崩坝结合景颇族文化打造乡村振兴实训基地，承接德宏州内或州外各类培训学员，通过培训基地建设带动餐饮、民俗等周边产业发展。

（三）丰富乡村文化生活

过去，城子镇农村文化基础设施比较薄弱，农闲时间农民的生活模式主要是白天摸锄头，晚上打牌、喝酒，农民的生活单调而乏味。为了丰富农民的精神文化生活，改善农村的生活状态，城子镇通过健全公共文化服务体系、增加公共文化产品和服务供给等方式改善农民生活方式，为农民营造新生活。

1. 健全公共文化服务体系

（1）全力实施通电、通网络、通广播工程。目前，城子镇各村组 100% 实现通电、通网络、通广播，农民在家可看电视、出门可听广播。

（2）全力推进农村文化活动室、农村书屋、民族文化传习所等项目建设。目前，城子镇各村组都建有文化活动室、农村书屋，村民在休闲时间可以跳舞、看书和闲谈娱乐。

2. 增加公共文化产品和服务供给

（1）大力开展文化下乡活动，进一步丰富农民的休闲时光。例如，2018 年以来，城子镇在各村组组织展映《懒汉脱贫》小品，以文艺的形式丰富了村民的闲时乐趣，同时还教育和感化了群众。

（2）大力开展民族舞蹈、音乐等培训和指导。例如，2021 年 10 月，陇川文化和城子文体广电服务中心为充分引导正确的舞蹈技能和舞蹈范畴，在城子镇姐乌村举办文艺骨干舞蹈培训班，参加培训的人员主要来自城子镇各村小组，共计 70 多人。历时 3 天的舞蹈培训，使城子镇的文艺骨干们学会了民族舞、广场舞、健身操等不同类型的舞蹈。

3. 广泛开展群众文化活动

（1）开展讲红色家风故事活动。例如，2021 年 6 月，城子镇在城子社区开展“颂党恩，传家风”活动，有 40 余名群众参与。通过此次活动，村民们从红色家风中汲取力量，用心经营“小家”，大力加强家庭文明建设。

（2）举办乡村文体活动。例如，2022 年春节期间，城子镇巴达村举行青年篮球比赛，通过此活动加强了各村青年相互交流交往，既增进了友情，也锻炼了身体。

三、城子镇推进乡村文化振兴的经验启示

（一）复兴乡村传统文化，助力乡村文化振兴

恢复和振兴乡村传统文化是实现乡村文化振兴的主要前提。城子镇通过强化民族共同体意识、聚焦民族传统服饰文化、促进民族文化元素融入乡村旅游中、发展特色民俗等一系列

举措复兴乡村传统文化。从城子镇的实践中可以得到三点启示：

（1）建立保护基础，摸清需要保护与传承的乡村文化底数，依据具体情况划出保护的“红线”或“高压线”，并严格管控，层层落实责任，防止现象恶化。

（2）基于对乡村文化保护的前提，构建以文化底蕴为基调的村镇建设规划，充分吸纳具有当地和民族特色的传统文化元素，盘活地方特色传统文化资源，促使传统文化凸显出来，在规划上多元化，避免“千村一面”。例如，城子镇聚焦民族传统服饰文化，发展民族特色织布业，以民族文化引领村镇发展。

（3）严格落实文物、传统村落等有关保护规定，为乡村文化项目预留足够的传承和发展的空间和场所。

（二）完善乡村公共文化设施，推进乡村文化振兴

完善的乡村公共文化设施是传承和利用乡村文化的重要条件。城子镇各村组全力实施通电、通网络、通广播工程，推进农村文化活动室、农村书屋、民族文化传习所等项目建设，这些公共文化产品和服务供给为当地农民开启了新的生活。从城子镇的实践中可以得到三点启示：

（1）要继续加大项目和资金支持乡村公共文化基础设施建设，切实补齐无场地、无设施、无人员的窘境。以前农闲时间农民的生活单调而乏味，增加公共文化设施可利民所需，满足农民对美好生活的新期待。

（2）要结合村民的所需、所求，以文艺表演、书画展示、体育竞技等方式，丰富农村文化服务供给，尽可能让农村公共文化服务通文脉、接地气。

（3）要利用微信、短视频等新媒体平台让农民适应现代化移动互联网的发展，使用新兴沟通媒介和信息分享平台进一步扩充农民获取高雅文化作品的渠道。

（三）强化乡村文化自信，促进乡村文化振兴

文化自信是一个民族发展中更基本、更深沉、更持久的力量。城子镇通过开展文化传承人培训、在中小学教育中开展民俗文化和民族语言等课程、讲红色家风故事活动、举办乡村文体活动等来强化文化自信。从中可以得到三点启示：

（1）要结合地区少数民族青少年教育情况，开设民族语言、民族文化等课程，大力强化青少年、少数民族的文化自觉和自信心，少数民族文化自信就是传承中华民族优秀传统文化、大力弘扬社会主义核心价值观。

（2）利用微信、短视频等新媒体平台，鼓励村民展示本民族的优秀传统文化。

（3）强化民族文化与产业发展有机融合，以民族传统文化融合提升或扩大产业发展空间。例如，把民族文化和旅游开发结合起来，让少数民族的文化得到宣传和传承，同时也让当地经济得到发展。以产业发展促进文化传承保护力度，切实做到“文化搭台，经济唱戏”目标。

案例五　云南省泸沽湖乡村文化振兴案例

文化振兴既是乡村振兴的重要组成部分，也是实现乡村全面振兴的活力之源。构建以独特资源为杠杆和以特色文化为支点的文旅融合，不仅会增强一个地区的内生动力，还能培育发展新动能。泸沽湖景区紧紧围绕“共同团结奋斗、共同繁荣发展”主题，依托独特自然资源和多元民族文化，将民族团结进步创建工作与生态文明建设、文旅融合发展同步推进、有机融合，绘就了一幅“山水相拥、民族共融”的和谐发展新画卷。其中包括以产业联动发展夯实文旅融合，改变少数民族居民的生活与创收方式；不断挖掘摩梭文化，沉淀文旅融合发展的底蕴；完善治理机制为绿色文旅发展筑牢根基；创建民族示范区进一步促进文旅融合新成果。

一、 泸沽湖概况

泸沽湖位于四川省盐源县与云南省宁蒗县交界处，为川滇共辖。周围是摩梭人的主要分布区。还有彝族、普米族、傈僳族等多个少数民族居住于此。泸沽湖是云南海拔最高的湖泊，也是中国最深的淡水湖之一，被誉为“高原明珠”。摩梭人世代生活在泸沽湖畔，他们至今仍保留着由女性当家的母系大家庭及“男不婚、女不嫁、结合自愿、离散自由”的母系氏族婚姻制度(俗称“走婚”)，被誉为“人类社会家庭婚姻发展史的活化石”，古老神秘的东方“女儿国”。泸沽湖得天独厚的自然风光、绚丽多姿的民族文化滋养着这一方土地，文旅融合的春风更为这里带来了蓬勃生机。近年来，泸沽湖景区紧紧围绕“共同团结奋斗、共同繁荣发展”的主题，依托独特自然资源和多元民族文化，将民族团结进步创建工作与生态文明建设、文旅融合发展同步推进、有机融合，绘就了一幅“山水相拥、民族共融”的和谐发展新画卷。泸沽湖自然与人文的完美结合，情、水、山相融，成为云南最具特色和发展潜力的旅游胜地之一。泸沽湖先后获得“中国十大最佳生态文化旅游景区”“中国十大最美湖泊”“中国十大生态名湖”“《中国国家旅游》最佳休闲旅游目的地”“游客最喜欢的云南旅游景区”“云南省全域最佳智慧旅游品牌”等多项称号。

二、 泸沽湖推进乡村文化振兴的路径

云南泸沽湖经历了三个发展阶段。

第一个阶段：1989—2004 年，民间自主发展时期，当地摩梭人因地制宜自发组织骑马、

划船、摩梭家访、民族歌舞等旅游服务项目，自主招商外来游客在泸沽湖租建客栈、饭店，开辟吃、穿、住、行、游、购、娱等各项旅游服务市场。

第二个阶段：2004—2012年，政府主导下的发展时期，各级政府坚持解放思想、创新工作思路和方法，引入创意经济的理念，打造更高层次的“泸沽湖摩梭女儿国”品牌形象，以“摩梭人母系文化”为母体，以规划建设中的“泸沽湖女儿国旅游镇”为载体，以“体验泸沽湖”为定位的创意泸沽湖旅游精品，以“人文泸沽湖”为原点构建文化产业链条，以“互动泸沽湖”连接创意产业和第三产业。

第三个阶段：2012年至今，新发展理念下的文化生态旅游融合发展时期，实施里格民族文化生态示范点项目、开发泸沽湖银湖岛度假村、完成落水摩梭民俗观光村恢复工程项目、完成《泸沽湖风景区综合规划》和泸沽湖女儿国旅游小镇等七个专业规划、出版发行《摩梭文化研究论文集》和《西部女儿国》MTV专辑等作品宣传泸沽湖的文化与自然生态环境。泸沽湖文化生态旅游的发展带动了当地及周边村寨的农业、畜牧业、传统手工业等行业的发展，为其他行业作出了发展榜样。

通过三个阶段的发展，2019年，从云南省方向进入泸沽湖景区的游客达216.7万人次，门票收入为1.32亿元，在2003年流域内人均收入829元的基础上增长了18倍。民族地区是我国实施乡村振兴战略的重点与难点，针对泸沽湖摩梭人聚居区深耕文旅沃土的行动，某种意义上可被认为是民族地区乡村振兴战略的先行探索与具体实践。

（一）产业联动发展，夯实文旅融合发展的根本

旅游开发之前的泸沽湖摩梭人多以种植、放牧、捕鱼、外出务工为生，家庭年收入不足1万元，生活比较艰辛。随着文旅产业融合发展，昔日的古老村落焕发“新生”。自2013年被确立为“云南民族团结进步示范区”后，泸沽湖建设了特色村寨创建项目点。在此之后，当地居民抓住历史发展机遇，筹集资金建成了洛水村民族文化活动中心，组建了演艺队，举办了极具特色的篝火晚会、歌舞表演等活动。依托古朴的民居建筑、原生态的摩梭民风民俗等特色资源，坚持保护与开发并重，通过深挖民族文化，联动餐饮、娱乐、住宿、观光、体验式旅游等产业集群共同发展的方式，以文彰旅、以旅兴文，不仅将当地少数民族的文化风俗传递出去，也改变了深山贫困地区少数民族居民的生活与创收方式。既实现了少数民族村民在家门口就业增收的工作模式，也真正做到了景区对客源有吸引力，具有把游客留住的良好基础。

（二）挖掘摩梭文化，沉淀文旅融合发展的底蕴

在经济学的话语体系中，文化作为一种经济发展资源，在某种意义上来讲具有相对的垄断属性。摩梭文化是一个具有相对稳定性和完整性的地域属性文化，它在泸沽湖，生于斯，长于斯，念兹在兹。泸沽湖畔摩梭人弥足珍贵的历史文化见证，是泸沽湖旅游业实现可持续发展的根本所在。正在建设的泸沽湖摩梭小镇是创建泸沽湖AAAAA级景区的重要支撑项目，

也是丽江旅游业发展和融入大滇西旅游环线建设的重要项目，“摩梭宫大型全域沉浸式幻境体验剧”作为摩梭小镇的核心，与丽江文化旅游产业深度融合发展相匹配，在摩梭特色小镇建设中，需要进一步深挖民族文化资源，紧紧抓住共性、共情点，增强互动体验，打造“沉浸式体验”新业态，努力挖掘消费者的“二次消费点”，预设扩展空间，展示少数民族生态群落特色民俗，提升游客复游率。着力开发赋有摩梭文化特色的文创产品，打造丽江文化新地位，提升文化输出力度，推动文旅深度融合。

（三）完善治理机制，筑牢绿色文旅发展的基础

泸沽湖坚持以习近平生态文明思想为指引，牢固树立“绿水青山就是金山银山”理念。为了更好践行绿色发展的生态理念，泸沽湖不断完善治理机制，为绿色文旅的发展奠定了基础，以“规划引导、保护优先、控源截污、生态修复、低碳发展”为抓手，转变“环湖造城、环湖布局”的发展模式，以中央环保督察“回头看”为契机，坚决整治“两违”，实施一级保护区内原住居民生态搬迁工程等有效减退河湖岸线生态空间，全面改善河湖面貌，实现了“人退湖进”；坚持五级湖长共同发力，从“见湖长”到“见行动”，构建“综合执法＋联合执法＋社区协管”格局，采取“推进由行政管理向依法治理转变、推进由围湖发展向控湖转坝转变、推进由单一治理向系统治理转变、推进由注重当前向长治长管转变、推进由政府主治向多元共治转变”的“五推进、五转变”治理措施，深入打好水污染防治攻坚战，确保常年稳定保持Ⅰ类水质，实现保护治理与旅游发展双促进的目标。使自然景观与人文景观相映成趣，古老文化与现代生活共存，着力打造“云上泸沽湖，梦幻女儿国”，泸沽湖云南部分入选“2021 年生态环境部组织开展的美丽河湖”优秀案例。经过泸沽湖流域综合治理，实现了绿水青山向金山银山的转化，促进了湖泊保护与经济发展的双赢。

（四）创建民族示范，迈出文旅融合发展新步伐

丽江市自开展民族团结进步示范创建工作以来，泸沽湖景区以习近平总书记关于民族工作的重要论述和考察云南重要讲话精神为引领，紧扣“中华民族一家亲、同心共筑中国梦”总目标，紧紧围绕“共同团结奋斗、共同繁荣发展”主题，突出“共治共建共享美丽湖泊”的创建思路，做到创建工作与景区保护开发深度融合，努力把泸沽湖建成多民族共生共享的乐园、文旅融合发展的胜景和生态文明建设的典范，促进各民族交往、交流、交融，不断铸牢中华民族共同体意识。为深入推进泸沽湖景区民族团结进步创建工作，景区由汉族、彝族、普米族、纳西族等多个民族组成，把创建内容融入导游讲解、民族歌舞展演、游客家访等旅游文化活动中，使旅游成为广大游客接受中华民族共同体思想洗礼的过程。充分利用重大节庆活动、民族传统节日，邀请景区各民族商户开展“中华民族一家亲”主题活动，在本地商户、外来商户和各族群众形成了“你中有我、我中有你、谁也离不开谁”的大交融格局，建成多民族共生共享的乐园、文旅融合发展的胜景和生态文明建设的典范，促进各民族交往、交流、交融，不断铸牢中华民族共同体意识。2022 年 1 月，泸沽湖所在的丽江市宁蒗县被国家民委命名为“第九批全国民族团结进步示范区示范单位”。

三、泸沽湖推进乡村文化振兴的经验启示

（一）坚持文化引领，打造文化 IP

中国人民大学教授、“三农”问题专家温铁军认为，中国社会从来都是一个乡土社会，而乡土文化则是中国文化的本源，越把乡村搞成千篇一律，就越没有被中产阶层消费的可能。泸沽湖景区由汉族、彝族、普米族、纳西族等多个民族组成，还是摩梭人的主要分布区，把民族特色活动融入导游讲解、展示少数民族别具一格的歌舞展演及游客家访等旅游文化活动中，将本地特色文化与游客联系起来，形成互联互动的文化格局，以差异化构建本地的文化IP。由泸沽湖景区发展得到启示，在以文化振兴推动乡村振兴实践中，依托各地文化资源禀赋，如丰富的民族史诗、民间传说、神话故事等，结合自身的实际发展现状，聚焦产业特色及综合要素等，结合“一县一业”“一乡一特”“一村一品”“一村一韵”“一街一景”等布局，打造符合各村特质底蕴的文化 IP，不断提升村庄魅力，通过提供或创造差异化的价值、体验和卖点，追求内在与外在的与众不同，满足市场和消费者的需求，进而抢占消费者心智。

（二）坚持生态优先，守住绿色底线

在乡村振兴实践中，深入落实习近平生态文明思想，严格把牢生态保护“红线”，坚决守住环境安全“底线”，采取一系列的治理措施，实现了湖泊保护与经济发展的双赢。这可以为处于自然保护区、风景名胜区的河湖实现绿水青山向金山银山的转换提供借鉴。绿水青山守得住，金山银山自然来。如今的泸沽湖人民与自然和谐共处，旅游发展与环境保护相得益彰，“高原明珠”的光芒更加璀璨，以其独特的摩梭风情和旖旎风光吸引着世人心驰神往。

（三）坚持彰显特色，实现共同富裕

以山水为根，以文脉为魂，新时代的泸沽湖，坚持“不让一个少数民族掉队”的承诺，通过不断晕染绿色发展的生态底色，深度挖掘民族文化精髓，建设特色文化阵地，不断夯实民族特色根基，探索出了一条以民族文化赋能文旅融合的特色发展之路，实现多民族地区更扎实、更稳定、更有质量的共同富裕，已成为云南全域旅游的一张亮丽名片。迈向新征程，泸沽湖景区以文旅融合为抓手，持续发力品牌打造、全域旅游、美丽经济，徐徐展开“风景秀丽、生态宜居、民族团结、人民幸福”的美丽画卷，在发展中不断铸牢中华民族共同体意识，以文旅之沃土，浇灌民族团结进步之花。

（四）坚持融合创新，赋能文旅发展

文化是旅游的灵魂，旅游是文化的重要载体，以文化提升旅游的内涵和质量，以旅游增进文化的传承和发扬，当“诗”和“远方”走在一起，就形成了民族独特的文化旅游产业。泸沽湖得天独厚的自然风光、绚丽多姿的民族文化滋养着这一方土地，文旅融合的春风更为这里带来了蓬勃生机。正是泸沽湖始终坚持“文化引领、保护优先、彰显特色、融合发展”理念，努力把美丽的自然风光与独特的民族文化相结合，让文化回归到民族地区发展的初衷，才能形成地区经济社会发展的重要窗口，着力打造出享誉中外的知名旅游胜地。民族地区旅

游资源丰富，文化底蕴深厚，文化和旅游之间存在着千丝万缕的关系，旅游的过程就是文化传播和推广的过程，文化事业的发展能够激发旅游产品的开发创新。旅游在文化的滋养下迸发出新活力，文化在旅游的发展中得到保护与传承，实现了文化和旅游的深度融合发展。

文旅融合是文化和旅游发展的客观需要和必然趋势，民族地区乡村更要遵循新的发展理念和“宜融则融，能融尽融，以文促旅，以旅彰文”的工作路径，积极探索文旅融合发展新途径，建立文旅融合发展新格局，以文化为灵魂丰富旅游内涵促进旅游发展，以旅游为载体彰显文化魅力促进文化繁荣。泸沽湖作为滇西北民族村落的典型，还可进一步聚焦云南省委、省政府丽江现场办公会提出的“打造世界文化旅游名城、乡村振兴示范区、长江上游重要生态安全屏障”建设目标，利用特殊资源发展特色经济，充分利用泸沽湖摩梭人独特的母性文化、女性文化把“落水村、三家村、王家湾、吕家湾、浪放、普洛、里格、尼塞、小落水”泸沽湖沿湖的 9 个村小组串成一串“珍珠链”，开发打造以母性文化为核心的体验、观光、研学旅游线路，申请筹办国际女性文化论坛，招商发布女性奢侈品发布会，进一步塑造“泸沽湖·摩梭人”的文化品牌，逐步提升泸沽湖的国际影响力，拉开丽江发展国际高端时尚产业的新序幕，力争在全市、全省未来乡村建设中脱颖而出，率先打造乡村文化振兴泸沽湖样板。

致　谢

本书在撰写的过程中，得到了云南省社科联相关领导、同志的大力支持，在此表示衷心的感谢！

本书在撰写相关案例的过程中，也得到了新哨镇、永丰镇、板桥镇、城子镇、泸沽湖景区等单位领导和同志们给予的特别帮助，在此表示衷心的感谢！

此外，云南大学经济学院的学生谭嘉辉，西南林业大学的学生余雨薇、赵丽、邵小育、张晋豪等投入了大量时间进行研究、调查、参与编写，对他们的辛勤付出表示特别感谢！

由于时间仓促，加之编者水平有限，书中还有不足之处，恳请各位读者给予指正和谅解！

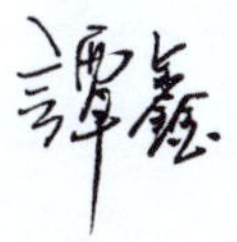